Hildegard Möller

Kochen ohne Grenzen

So speisen unsere Nachbarn –
Rezepte und Kochgeschichten aus 30 Ländern

Mit Fotos von Andreas Löchte

Aschendorff Verlag

Inhalt

VORWORT 7

AFGHANISTAN | Zarmina Khorosh:
Kabuli Palau – Reis mit Lamm, Möhren und Rosinen 9

ÄTHIOPIEN | Abiy Tsegaye:
Doro Wot – Huhn mit Reis und Zwiebeln 10

BRASILIEN | Eliane Sanhueza Pino:
Pão de queijo – Käsebrötchen 13
Brigadeiros – Schokopralinen 14

DÄNEMARK | Lene Hambrinker-Schless:
Laksfrikadeller - Lachsfrikadellen 17
Smørrebrød – Hochbelegtes Brot 18

FRANKREICH | Véronique Rößler:
Crevettes créoles – Crevetten auf kreolische Art 21
Cake aux olives – Olivenkuchen 22

GEORGIEN | Kacha Metreveli:
Chinkali – Gefüllte Teigtaschen 25
Saziwi – Walnuss-Huhn 26

GRIECHENLAND | Evangelia Koutina:
Elliniki choriatiki – Bauernsalat 29
Pestrofa me karavides – Forelle mit Flusskrebsen 30

INDIEN | Sunita Koch:
Chicken Korma – Mildes Curry mit Huhn und Cashewkernen 33
Indian vegetables – Indisches Gemüse 34

IRAN | Mehrnaz Hadipour:
Mirsaghasemi – Auberginenpüree 37
Zereshk Pollo – Berberitzen-Huhn mit Safranreis 38

ITALIEN | Luisa Scaramella:
Pasta con le patate – Nudeln mit Kartoffelcreme 41
Parmigiana di melanzane – Sizilianischer Auberginenauflauf 42

JAPAN | Junichiro Watahiki:
Miso soup – Misosuppe 45
Chikuzen-ni – Hühnchen mit Shiitakepilzen 46

JORDANIEN | Ahmad Zyadeh:
Falafel – Kichererbsenbällchen 49

KAMERUN | Marie-Line Ndoubena:
Soup aux arachides – Erdnuss-Suppe der Ewondo 50

KOLUMBIEN | Sylvia Saldarriaga:
Patacones – Kochbananen mit Bohnencreme 53

KOSOVO | Susana Murati:
Musaka – Kartoffel-Hackfleisch-Auflauf 55
Pogača kiralea – Schafskäsebrötchen 57

MAROKKO | Abdel Ennachete:
Tajine – Lammfleisch mit Pflaumen 58

NEPAL |Rajita Gurung:
Chicken – Masala – Huhn mit Gemüse, Curry und Koriander 61

NIEDERLANDE | Ingeborg Harmes:
Mediterrane stamppot – Mediterraner Grünkohl-Kartoffelstampf 62
Hangop met pruimen – Joghurt mit Pflaumen 65

NIGER | David Alkabid:
Chou vert au gingembre – Grünkohl mit Ingwer 66
Maffé – Schwarze Bohnen mit Erdnuss-Spinat 69

NIGERIA | Benjamin Eziuka:
Egusi Soup – Eintopf mit Melonenkernen 70
Nigerian Fried Rice – Nigerianische Reispfanne 73

PERU | Christian A. Allende:
Causa de pollo – Kartoffel-Huhn-Terrine mit Avocado 74
Chupe de Camarones – Garneleneintopf 77

POLEN | Barbara Talaga-Mlynarczyk:
Bigos – Polnischer Krauttopf 78

PORTUGAL | Francisco Barbosa Velho:
Feijoada de Gambas – Gambas-Bohnen-Eintopf 81
Coelho à Caçador – Kaninchen mit Rotwein 83

SEYCHELLEN | Erica Nentwig:
Red Snapper with Creole chutney – Red Snapper mit kreolischem Chutney 85
Banana Pancakes – Bananenpfannkuchen 86

SIBIRIEN | Katharina Unterberg:
Seldj pod Schuboj – Heringe unterm Pelzmantel 89
Borschtsch – Rote-Bete-Eintopf 90

SPANIEN | Maria Uriarte Vigo:
Empanada gallega – Galizische Teigpastete 93
Pulpo feira – Krake auf galizische Art 94

THAILAND | Supriya Neteler:
Pad pet nomai gab noeisaab – Bambus-Hackfleisch-Pfanne 97

TÜRKEI | Emine Cabar:
Güvec – Schmortopf mit Lamm und Gemüse 98
Çatalak Çörek – Brötchen mit Mandeln und Kurkuma 101

USA | Andrew Okan Celiker:
Andrews Texas Chili – Hackfleisch-Bohnen-Topf 102
Banana Nut Muffins – Bananen-Walnuss-Muffins 105

VIETNAM | Kim Hue Truong:
Chả đậu hủ - nước sốt chua ngọt – Tofu-Frikadellen mit süß-saurer Sauce 106
Phở -Bo – Vietnamesische Reisnudelsuppe 107

Die Rezepte in der Speisenfolge 110

Vorwort

Wussten Sie schon, dass man westfälischen Grünkohl auch auf westafrikanische Art mit frischem Ingwer zubereiten kann? Dass Safran glücklich macht und dass selbst Heringe in Sibirien einen Pelzmantel tragen?

In Münster leben Menschen aus mehr als 150 Nationen und so wird in unserer Region nicht nur westfälisch, sondern ebenso gern italienisch, türkisch oder indisch gegessen. Münsteraner und Zugewanderte leben dabei häufig Tür an Tür. Doch wie gut kennen wir unsere Nachbarn wirklich? Woher kommen sie? Was kochen sie? Was vermissen sie am meisten? Schmeckt ihnen Eisbein mit Sauerkraut?

Für meine Serie „Kochen ohne Grenzen" in den Westfälischen Nachrichten habe ich Kontakt zu Menschen aufgenommen, die zum Arbeiten, Studieren, aus politischen Gründen oder der Liebe wegen nach Münster gekommen sind. Da das Kennenlernen nicht nur über das Gespräch erfolgt, sondern auch über den Bauch, durfte ich in ihre Kochtöpfe schauen und viele köstliche Gerichte probieren: Ob Auberginenauflauf mit sonnenverwöhnten Tomaten aus Sizilien, afrikanische Erdnusssuppe vom Stamm der Ewondo oder Fisch aus dem indischen Ozean mit kreolischem Chutney – jede Kostprobe war für mich mit einer kulinarischen Reise verbunden: von Peru über Kamerun bis hin zu den Seychellen und Japan.

Aus den zahlreichen interessanten Begegnungen ist ein Kochbuch über grenzenloses Essvergnügen entstanden, das neben den landestypischen Rezepten auch einen Blick auf die Lebensläufe der Menschen und deren Heimat wirft. Die Gerichte machen neugierig und laden auf appetitanregende Weise dazu ein, mehr über unsere Nachbarn zu erfahren.

Schauen Sie einfach mal über den münsterischen Tellerrand hinaus – Sie werden feststellen, dass „Kochen ohne Grenzen" neue Horizonte öffnet. Dieses Kochbuch präsentiert exotische Leckerbissen aus den Küchen der Welt, die garantiert für Abwechslung auf Ihrer Speisenkarte sorgen.

Viel Spaß beim Kochen und Genießen,
Ihre

»Kabuli Palau«

Reis mit Lamm, Möhren und Rosinen

GESAMTZEIT	ZUBEREITUNGSZEIT	GARZEIT
120 Minuten	50 Minuten	70 Minuten

ZUBEREITUNG

Für die Garam-Masala-Mischung die Gewürze im Mörser mahlen. Das Fleisch waschen, trocken tupfen und in Stücke schneiden. Zwiebeln und Knoblauch schälen, hacken und in 4 EL Öl dünsten. Fleisch zugeben und anbraten. Mit 400 ml Wasser ablöschen. Garam Masala (bis auf 2 TL) und Zuckerkulör zugeben. Zugedeckt 50 Minuten garen.

Den Reis abgießen und in Salzwasser garen. 4 EL Öl erhitzen, gewaschene Rosinen darin schwenken und herausnehmen. Möhren waschen, schälen, in lange, dünne Streifen schneiden und in 2 EL Öl weich dünsten. Rosinen, Mandeln und Zucker zugeben.

Fleisch aus der Brühe nehmen und warm halten. Den gekochten Reis in die Brühe geben und mit restlichem Garam Masala abschmecken. Mit dem Stiel eines Kochlöffels „Kamine" in den Reis drücken, so dass der Dampf entweichen kann. Fleisch und Gemüse nebeneinander auf den Reis legen. Topfdeckel mit einem Küchentuch umspannen und den Topf zudecken. Bei schwacher Hitze 20 Minuten durchziehen lassen. Auf einer Platte den Reis mit dem Fleisch umlegen und mit dem Möhrengemüse bedecken.

ZUTATEN

Für 4 Personen
500 g Basmatireis
½ - 1 Zimtstange
1 TL schwarze Pfefferkörner
1 TL schwarze Kreuzkümmelsamen
2 schwarze Kardamomkapseln
4 Nelken
1 kg Lammfleisch aus der Keule
2 große Zwiebeln
6 Knoblauchzehen
10 EL Pflanzenöl
1 TL Zuckerkulör
2 TL Salz
250 g Rosinen
4 Möhren
50 g gestiftelte Mandeln
2 EL Zucker

! Den Reis waschen und 4 Stunden in Wasser einweichen

ZARMINA KHOROSH | AFGHANISTAN

Afghanisches Essen ist ein Genuss für die Sinne – afghanische Gastfreundschaft eine Erfahrung, die durch Herzlichkeit und Großzügigkeit geprägt ist. In der Küche von Zarmina Khorosh duftet es nach Zimtstangen, Kreuzkümmel und Nelken: Die Afghanin lädt zu Kabuli Palau ein, einem köstlichen Gericht, das sie mit Lamm, Möhren, Rosinen und Mandeln zubereitet und auf einer großen Servierplatte mit Reis anrichtet. „Reis ist für uns etwas sehr Wertvolles", sagt die Köchin, die in Kabul als Beamtin beim Nationalen Olympischen Komitee gearbeitet hat. Bei Tee und Mandel-Zucker-Konfekt erzählt die Mutter zweier erwachsener Söhne, dass sie Mitte der Achtziger das Land am Hindukusch verlassen hat und seitdem nie wieder in Kabul war. Zarmina Khorosh lebt mit ihrer Familie in Münster und engagiert sich für die afghanische Gruppe im Begegnungszentrum in Kinderhaus.

»Doro Wot«

Huhn mit scharfer Sauce

GESAMTZEIT	ZUBEREITUNGSZEIT	GARZEIT
60 Minuten	30 Minuten	30 Minuten

ZUBEREITUNG

Das Huhn waschen, trocken tupfen und die Haut abziehen. In kleine Stücke teilen (bei den Gelenken trennen) und mit Zitronensaft und Salz einreiben. Die Stücke mehrfach einschneiden und 12 Stunden ziehen lassen.

Die Zwiebeln schälen, hacken und in der Hälfte des Öls glasig dünsten. Berbere zugeben. Unter ständigem Rühren und der Zugabe kleiner Mengen Wasser so lange dünsten, bis eine dickliche dunkelrote Paste entstanden ist.

Die Hühnchenteile in einer großen Pfanne im restlichen Öl anbraten. Danach das Fleisch zu den Zwiebeln geben und bei schwacher Hitze ca. 30 Minuten zu Ende garen. Je nach Belieben mit frischem Ingwer, Schwarzkümmel und braunem Kardamom (Koroima) würzen.

Vor dem Servieren den Knoblauch schälen, sehr fein hacken und zugeben. Gepellte ganze Eier vorsichtig unterrühren.

Dazu passt Injera (äthiopisches Fladenbrot, Afroladen) oder Reis.

ZUTATEN

Für 4 Personen
1 mittelgroßes Huhn
Saft von 1 Zitrone
Salz
6 Zwiebeln
4 EL Pflanzenöl
2 EL Berbere (Peperonipulver, Asia- oder Afroladen)
evtl. frischer Ingwer, Schwarzkümmel, brauner Kardamom (Koroima)
2 Knoblauchzehen
4-6 hart gekochte Eier

! Das Huhn 12 Stunden marinieren

ABIY TSEGAYE | ÄTHIOPIEN

Wenn einem bei drei Grad und Nieselregen das positive Lebensgefühl abhanden gekommen ist, sollte man sich von Abiy Tsegaye in eine Küche voller Schärfe und Würze entführen lassen. Der Äthiopier, der in der Vier-Millionen-Metropole Addis Abeba in zweieinhalbtausend Metern Höhe Geologie studiert hat, empfiehlt Doro Wot, ein Gericht aus Huhn und Zwiebeln, das in seiner Heimat nur zu ganz besonderen Anlässen gekocht wird: „Wir zerlegen es in genau zwölf Teile und waschen es mit Zitronensaft und Salz." Das A und O bei der Zubereitung von Doro Wot sind die Zwiebeln. Zu einer dicklichen Paste eingekocht, werden sie mit Berbere, einem scharfen Peperonipulver, gewürzt. In Äthiopien wird das Feiertagsgericht mit Injera serviert, einem Sauerteig-Fladenbrot von etwa vierzig Zentimetern Durchmesser, das zugleich als Esswerkzeug dient. Man reißt kleine Stücke von dem Brot ab und rollt das Fleisch mit der Sauce darin ein. „Das Brot wird mit Teff gebacken, einem Getreide, das kein Gluten enthält und nur in Äthiopien angebaut wird", sagt der Afrikaner, der mit seiner Familie in Münster lebt und als Geologe arbeitet.

»Pão de queijo«

Käsebrötchen

GESAMTZEIT	ZUBEREITUNGSZEIT	BACKZEIT
50 Minuten	30 Minuten	20 Minuten

ZUBEREITUNG

Den Backofen auf 180 Grad (Umluft) vorheizen. Maniokmehl und Salz in einer Schüssel mischen.

Milch und Öl aufkochen und langsam zum Mehl geben. Alles miteinander verrühren. Den Teig abkühlen lassen.

Die Eier aufschlagen und unter die Masse rühren. Zuletzt den Käse zugeben und einen Teig kneten. Der Teig sollte noch leicht klebrig sein.

Aus dem Teig kleine Kugeln formen. Kugeln auf ein mit Backpapier ausgelegtes Backblech setzen und 20 Minuten im Ofen goldgelb backen.

ZUTATEN

Für 25 Stück
250 g Maniokmehl
1 TL Salz
220 ml Milch
100 ml Öl
2 Eier
200 g geriebener mittelalter Gouda

ELIANE SANHUEZA PINO | BRASILIEN

An Vitaminmangel muss Eliane Sanhueza Pino wirklich nicht leiden, wenn sie ihre Mutter in Brasilien besucht. Ob Papayas, Mangos oder Ananas – die exotischen Früchte wachsen im Garten ihrer Mutter in Monjoles, einem Dreitausend-Seelen-Ort in der Bergbauregion Minas Gerais, wo es neben Gold und Diamanten auch Kaffee, Baumwolle und Rinderzucht gibt. Ob Rumpsteak, Hüftsteak oder Entrecote – auf Spieße gesteckt und über dem offenen Feuer gegrillt, werden die edlen Teile in den unzähligen Churrascarias mit knackig frischem Salat und Gemüse serviert. Typisch für diese Region ist auch die Feijoada, Brasiliens Nationalgericht Nummer eins. Früher als „Arme-

»Brigadeiros«

Schokopralinen

ZUBEREITUNGSZEIT
45 Minuten

ZUBEREITUNG

Die Kondensmilch in einen Topf geben. Butter, Schoko- und Kakaopulver hinzuzufügen. Bei schwacher Hitze unter ständigem Rühren erwärmen, aber nicht kochen. Nach ca. 10 Minuten wird die Creme dicklich und löst sich vom Topfboden.

Die Masse abkühlen lassen. Mit leicht gefetteten Händen kleine Kugeln formen. Die Kugeln in Schokostreuseln wälzen und in die Pralinenmanschetten geben. Bis zum Verzehr kalt stellen.

ZUTATEN

Für 25 Stück
400 ml gezuckerte Kondensmilch (z.B. Milchmädchen)
1 EL Butter
4 EL Schoko-Instantpulver
1 EL reines Kakaopulver
100 g Schokostreusel
Pralinenmanschetten

Leute-Essen" verkannt, ist es heute ein salonfähiger Eintopf aus Schweinefüßchen, Wurst, Bohnen, brasilianischem Grünkohl und Orangenscheiben. Für die westfälische Variante kocht die Brasilianerin den Eintopf mit Mettwurst. Wurst im Eintopf ja – aber auf Brot zum Frühstück? „Nie", erklärt die Mitarbeiterin der Kita „Die kleinen Hobbits". „Zum Kaffee bevorzugen wir morgens Muffins oder Pão de queijo." Das für die Region Minas Gerais typische Gebäck wird mit Maniokmehl und geriebenem Käse gebacken.

Die Sommerferien verbringt Eliane Sanhueza Pino gerne mit ihrer Tochter in Monjoles. Dort nämlich ist es ein bisschen so wie im Paradies, wenn es neben frisch gepresstem Ananas-Minze-Saft auch selbst gemachte brasilianische Schoko-Pralinen gibt. Die süßen Brigadeiros sind schnell gemacht und dürfen auf keiner Party fehlen.

»Laksfrikadeller«

Lachsfrikadellen

ZUBEREITUNGSZEIT
45 Minuten

ZUBEREITUNG

Lachs mit kaltem Wasser abspülen, trocken tupfen und in kleine Würfel schneiden.

Die Zwiebel schälen und sehr klein würfeln. Die Petersilie waschen und trocken schütteln. Petersilie und Kapern fein hacken. Die Möhre(n) waschen, schälen und sehr fein raspeln.

Die Zutaten mit dem Lachs verrühren, Ei und Mehl hinzufügen und mit Salz und Pfeffer abschmecken. Frikadellen formen und auf beiden Seiten 6-7 Minuten in Butter goldgelb braten.

Dazu passen Pellkartoffeln und dänische Remouladensauce (Fertigprodukt).

ZUTATEN

Für 4 Personen
500 g frischer Lachs
1 Zwiebel
1 Bund gehackte Petersilie
1 kleines Glas Kapern
1-2 Möhren
1 Ei
3 EL Mehl
Salz
Pfeffer aus der Mühle
1 EL Butter

LENE HAMBRINKER-SCHLESS | DÄNEMARK

Lene Hambrinker-Schless ist auf der dänischen Insel Møn aufgewachsen. Am Strand von Kraneled, mit freiem Blick auf die See. Mit lichtgrünen Wäldern und den bekannten Kreidefelsen direkt um die Ecke. Die drei Heringe im Stadtwappen von Stege erinnern an den Fischreichtum in der Ostsee – die Inselhauptstadt war im Mittelalter einer der größten Heringslieferanten für ganz Dänemark. Die Dänin, die es der Liebe wegen nach Münster verschlagen hat, ist ein Fan von allem, was aus dem Meer kommt. Zu ihren Lieblingsgerichten zählen Fischfrikadellen, die sie aus Lachswürfeln, Kapern und Zwiebeln zubereitet. Damit sich der Aufwand lohnt, produziert sie die

»Smørrebrød«

Hoch belegtes Brot

ZUBEREITUNGSZEIT
20 Minuten

ZUBEREITUNG

Die Zwiebel schälen und in dünne Ringe schneiden. Die Tomaten waschen, vom Stielansatz befreien und in Scheiben schneiden. Die Kräuter waschen und trocken schütteln.

Die Brotscheiben mit Remouladensauce bestreichen. Die gebratenen Lachsfrikadellen in Scheiben schneiden und darauf verteilen. Mit Tomatenscheiben, Zwiebelringen, Petersilie, Dill oder Kresse garnieren.

Dazu passt gekühltes Bier oder dänischer Kräuterlikör.

ZUTATEN

Für 4 Personen
1 Zwiebel
3 Tomaten
1 Bund Petersilie, Dill oder Kresse
4 Scheiben dunkles Brot
4 EL dänische Remouladensauce (Fertigprodukt)
4 Lachsfrikadellen (s. Rezept S. 17)

Frikadellen auf Vorrat und verwendet sie am nächsten Tag für den wohl bekanntesten Klassiker der dänischen Küche: Für Smørrebrød! Das hoch belegte Brot gab es schon 1883 in einem Kopenhagener Restaurant in mehr als 178 Variationen. Verdrängt eine Zeit lang von Fast-Food-Ketten, erfreut sich Smørrebrød heute wieder großer Beliebtheit mit Kombinationen aus Krustenbraten, gebratenem Apfel und Pflaume oder Roastbeef, Meerrettich und saurer Gurke. Lecker auch die Variante mit Heringssalat, Zwiebeln, Aal und Rührei oder mit Leberpastete. Letztere, „Dyrlægens natmad" genannt, war das Nachtmahl eines Tierarztes, das ihm Abend für Abend um Punkt 22 Uhr nach getaner Arbeit in seinem Stammlokal serviert wurde. „Wenn es Smørrebrød heute als Gute-Nacht-Essen gibt", erzählt die Industriekauffrau, „dann ist dies ein deutliches Signal, dass die Party danach zu Ende ist."

»Crevettes créoles«

Garnelen auf kreolische Art

ZUBEREITUNGSZEIT
40 Minuten

ZUBEREITUNG

Zwiebeln und Knoblauch schälen und hacken. Die frischen Tomaten waschen, vom Stielansatz befreien und würfeln. Die Limette heiß abwaschen. Die Schale dünn abschälen und fein hacken. Den Saft auspressen.

Zwiebeln und Knoblauch in 1 EL Olivenöl glasig dünsten. Tomaten hinzufügen. Mit Salz, Zitronenpfeffer, Thymian, Curry, Ingwer, Koriander und Limettenschale würzen. Petersilie waschen, trocken schütteln, hacken und zugeben. Die Tomatensauce ca. 15 Minuten bei schwacher Hitze köcheln lassen.

Die Garnelen mit kaltem Wasser abspülen, trocken tupfen und im restlichen Olivenöl kurz anbraten. Mit Pastis oder Ricard flambieren. Nach Belieben frischen geriebenen Ingwer zugeben. Garnelen, Limettensaft und Crème fraîche (Kokosmilch) zu den Tomaten geben. Bei schwacher Hitze 5 Minuten köcheln lassen.

Dazu passt Basmatireis.

ZUTATEN

Für 4 Personen
2 Zwiebeln
2 Knoblauchzehen
700 g frische Tomaten
1 Bio-Limette
3 EL Olivenöl
Salz
½ TL Zitronenpfeffer
1 TL Thymian
½ TL Currypulver
½ TL Ingwerpulver
½ TL gemahlener Koriander
1 Bund Petersilie
1 kg frische große Garnelen oder TK-Garnelen
2 cl Pastis oder Ricard
je nach Belieben 10 g frischer Ingwer
4 EL Crème fraîche oder Kokosmilch

VÉRONIQUE RÖSSLER | FRANKREICH

Véronique Rößler kommt von der Côte d`Azur, aus Nizza. „Wenn man an die Küche im Süden denkt, hat man den Geruch von Thymian, Rosmarin und Knoblauch in der Nase ", schwärmt die Französin. Fernwehgeplagte Provence-Fans können das bestimmt bestätigen: frische Kräuter, Gemüse, Fisch und bestes Olivenöl – mehr geht nicht. Spontanes Essen mit den Nachbarn am Sonntagabend ist für die Hiltruperin kein Problem – locker acht Personen finden an ihrer langen Tafel Platz. „Wir essen aber nicht jeden Tag wie der Herrgott in Frankreich". Unter der Woche gibt es etwas Unkompliziertes: Nudeln, Omelette oder Salat. Oder Miesmuscheln. Mit Weißwein, Schalotten

»Cake aux olives«

Olivenkuchen

GESAMTZEIT	ZUBEREITUNGSZEIT	BACKZEIT
65 Minuten	15 Minuten	50 Minuten

ZUBEREITUNG

Den Backofen auf 200 Grad (Umluft) vorheizen. Das Mehl mit dem Salz und der Hefe mischen und mit den Eiern verrühren. Nach und nach Öl, Wein und Martini zugeben und alles mit dem Handrührgerät zu einem Teig verrühren. Oliven, Schinkenwürfel und Käse unterrühren.

Teig in eine gefettete Kastenform geben und 50 Minuten im Ofen backen. Nach 10 Minuten mit einem Messer die Oberfläche leicht einschneiden. Am Ende der Backzeit mit einem Holzspießchen kontrollieren, ob der Teig gut durchgebacken ist.

Den Olivenkuchen aus der Form nehmen, abkühlen lassen, in Scheiben oder große Würfel schneiden und zum Wein servieren.

Gut durchgezogen schmeckt der Olivenkuchen am nächsten Tag noch besser.

ZUTATEN

Für 1 Kastenform
250 g Mehl
½ TL Salz
1 Päckchen Trockenhefe
4 Eier
100 ml Olivenöl
100 ml Weißwein
100 ml Martini
200 g grüne entkernte Oliven
200 g Schinkenwürfel
150 g geriebener Käse
Fett für die Kastenform

und Knoblauch findet die Sprachlehrerin und Übersetzerin daran nichts Außergewöhnliches. Wenn es etwas eleganter sein soll, serviert sie Crevettes créoles, ein Rezept, das sie von ihrer Mutter übernommen hat. Flambiert mit Pastis und gewürzt mit Ingwer, Limette und Kokosmilch, stammt dieses Gericht von der Insel La Réunion. Kreolisch, exotisch, lecker.

„Essen beherrscht unser Leben", meint die Südfranzösin, die mit einem Münsteraner verheiratet ist und zwei Töchter hat. „Wir reden nicht über das Wetter, sondern über das Essen – bei jeder Gelegenheit." Zur französischen Esskultur gehört es auch, im Hafen zu sitzen, frische Austern zu schlürfen und ein Glas Weißwein zu trinken – ein ganz normaler Vorgang eben, gewürzt mit einer Prise „Savoir vivre" ...

»Chinkali«

Gefüllte Teigtaschen

ZUBEREITUNGSZEIT
90 Minuten

ZUBEREITUNG

Zwiebel schälen und fein hacken. Petersilie waschen, trocken schütteln und hacken. Hackfleisch in eine Schüssel geben, mit 50 ml lauwarmem Wasser und der Petersilie mischen. Mit Salz und Pfeffer würzen.

Aus Mehl, 150 ml Wasser, 1 TL Salz und Ei einen Teig kneten. Den Teig auf einer bemehlten Arbeitsfläche dünn ausrollen und in runde Stücke ausstechen (ca. 15 Zentimeter Durchmesser). Jeweils 1 EL Hackfleischfüllung auf die Teigstücke geben, den Teigrand in möglichst viele Falten legen und über der Füllung säckchenförmig schließen. Die Spitze zu einem Knoten drehen, damit das Säckchen beim Kochen nicht aufgeht.

Je 5-7 Teigtaschen in reichlich siedendem Salzwasser garen. Nachdem die Chinkali nach oben gestiegen sind, ca. 5 Minuten weitergaren. Mit einem Schaumlöffel herausnehmen und gut abtropfen lassen. Mit grob gemahlenem Pfeffer würzen.

Chinkali werden warm gegessen. Man hält sie an der Teigpitze fest, beißt ein Stückchen ab, trinkt zuerst die Brühe aus und isst dann den Rest.

ZUTATEN

Für 4 Personen
1 Zwiebeln
1 Bund Petersilie
500g gemischtes Hackfleisch (Rind und Schwein)
Salz
Pfeffer aus der Mühle
500g Weizenmehl
1 Ei

KACHA METREVELI | GEORGIEN

Georgien ist bekannte für seine deftige Küche. Dass in der Kaukasusrepublik auch Wein und Zitronen angebaut werden, dürfte den wenigsten bekannt sein. „In Georgien scheint die Sonne viel häufiger als in Deutschland", sagt Kacha Metreveli, der Mitte der Neunziger nach Deutschland gekommen ist und mit seiner Familie in Münster lebt. Dass sich das Klima in Georgien positiv auf die Mentalität auswirkt, ist für ihn unumstritten: „Die Menschen dort sind extrem gesellig und lieben große Tafelrunden bis zum nächsten Morgen." Spontaner Besuch wird in den ungelegensten Situationen stets mit offenen Armen empfangen. „Jeder Gast ist ein Geschenk Gottes", lautet das Motto der georgischen Gastfreundschaft.

»Saziwi«

Walnuss-Huhn

GESAMTZEIT	ZUBEREITUNGSZEIT	GARZEIT
105 Minuten	30 Minuten	75 Minuten

ZUBEREITUNG

Das Hähnchen unter fließend kaltem Wasser abspülen. Mit Wasser bedeckt im geschlossen Topf mit 1 geschälten Zwiebel und 2 TL Salz 40 Minuten bei schwacher Hitze garen. Anschließend aus der Brühe nehmen, abkühlen lassen und zerteilen. Die Brühe beiseitestellen.

Restliche Zwiebel und Knoblauch schälen, hacken und in Butter glasig dünsten. Gemahlene Walnüsse, Paprikapulver, Koriander, Safran und Bockshornkleesamen mischen und langsam einrühren. 500 ml von der Brühe und Essig hinzufügen. Bei schwacher Hitze unter ständigem Rühren kurz aufkochen. Hähnchen in die heiße Sauce legen und abkühlen lassen.

Petersilie waschen, trocken schleudern und hacken. Granatapfel entkernen. Petersilie und Kerne über das Huhn streuen. Das Gericht kalt servieren.

Dazu passt (georgisches) Fladenbrot.

ZUTATEN

Für 4 Personen
- 1 Hähnchen
- 2 Zwiebeln
- Salz
- 3 Knoblauchzehen
- 30 g Butter
- 200 g gemahlene Walnüsse
- 1 TL edelsüßes Paprikapulver
- 1 TL gemahlener Koriander
- 1 TL gemahlener Safran
- 1 TL Bockshornkleesamen (Asia- oder Bioladen)
- 2 EL Weinbrandessig
- 2 TL Salz
- 1 Bund Petersilie
- 1 Granatapfel

Eines seiner Lieblingsgerichte ist Chinkali. Das sind Teigtäschchen mit einer würzigen Hackfleischfüllung. In genau 19 Falten gelegt, werden die kreisrunden Teigplatten über der Füllung säckchenförmig verschlossen und in Salzwasser gegart. Die georgische Spezialität wird niemals mit Messer und Gabel gegessen.

Besonders lecker findet Kacha Metreveli auch Saziwi – Hähnchen mit einer Sauce aus Walnüssen, Safran und Koriander. „Wir haben unglaubliche viele Walnüsse in Georgien", sagt der Leiter der Musikschule Crescendo, der in Münster seinen Abschluss als Konzertgitarrist und Pädagoge gemacht hat. Bevor er nach Deutschland gekommen ist, legte er in Tiflis seine Prüfung als Filmregisseur ab.

»Elliniki choriatiki«

Griechischer Bauernsalat

ZUBEREITUNGSZEIT
20 Minuten

ZUBEREITUNG

Die Tomaten waschen, vom Stielansatz befreien und vierteln. Die Gurke waschen, schälen und in Scheiben schneiden. Die Zwiebel schälen und in Ringe schneiden. Die Petersilie waschen und trocken schütteln.

Tomaten, Gurken und Zwiebeln auf tiefen Tellern verteilen. Olivenöl darüber geben. Mit Salz und wenig Pfeffer würzen. Oliven auf dem Salat verteilen. Schafskäse in Scheiben schneiden und obenauf legen. Mit Oregano bestreuen. Blättchen von der Petersilie zupfen und zum Dekorieren nehmen.

Der original griechische Salat wird nicht mit Essig zubereitet, sondern lediglich mit allerbestem Olivenöl.

ZUTATEN

Für 4 Personen
2 große vollreife Tomaten
1 kleine Salatgurke
1 rote Zwiebel
einige Zweige großblättrige Petersilie
8 EL kalt gepresstes Olivenöl, beste Qualität
Salz
Pfeffer aus der Mühle
20 schwarze Oliven
200 g Schafskäse
1 TL getrockneter Oregano

EVANGELIA KOUTINA | GRIECHENLAND

Sie kennt die echte griechische Küche! Sie weiß, wie man Schafskäse herstellt, Oliven erntet und wie man aus getrockneten Bergkräutern Tee macht. „Ich habe das alles von meiner Großmutter gelernt", sagt Evangelia Koutina. Die Griechin ist in Thessalien aufgewachsen, in einer der schönsten und fruchtbarsten Gegenden am Fuße des Olymp im Viertausend-Seele-Dorf Agriropouli, etwa zwanzig Kilometer vom Mittelmeer entfernt. In dem Land, in dem an dreihundert Tagen die Sonne scheint, gibt es eine unglaubliche Vielfalt sonnengereifter Gemüsesorten: Tomaten, Bohnen, Okraschoten, Zucchini, frische Kräuter – Zutaten die auf ihrem Küchenzettel nicht fehlen dürfen. „Unser Berg ist voll mit Oregano", sagt die Griechin. Für Elliniki choriatiki, dem berühmten Bauernsalat, bevorzugt sie vollaromatische Tomaten,

»Pestrofa me karavides«

Forelle mit Flusskrebsen

**ZUBEREITUNGSZEIT
40 Minuten**

ZUBEREITUNG

Die Bachforellen und Flusskrebse waschen und trocken tupfen. Die Forellen mit Meersalz einreiben.

Die Zwiebel schälen und in feine Würfel schneiden. Die Tomaten waschen, mit kochend heißem Wasser überbrühen, häuten, entkernen und in kleine Würfel schneiden.

Die Zwiebel in 1 EL Olivenöl glasig dünsten, Tomatenwürfel hinzufügen. Mit Salz und Pfeffer abschmecken. Die Kräuter waschen und trocken schütteln. Die Blättchen von Thymian, Oregano und Minze sowie feingehackte Petersilie hinzugeben.

In einer großen Pfanne das restliche Olivenöl erhitzen und die Forellen auf beiden Seiten je 5 Minuten bei mittlerer Hitze braten, die Flusskrebse 2 Minuten. Die Forellen mit den Flusskrebsen und dem Tomatengemüse anrichten.

Dazu passen griechische Zitronenkartoffeln.

ZUTATEN

Für 4 Personen
4 Bachforellen (küchenfertig)
12 Flusskrebse (ungeschält)
100 g grobes Meersalz
1 rote Zwiebel
500 g vollreife Tomaten
3 EL Olivenöl
Salz
Pfeffer aus der Mühle
4 Zweige Thymian
4 Zweige Oregano
2 Zweige Minze
4 Zweige Petersilie

---

hausgemachten Schafskäse und allerbestes Olivenöl. „Wir haben siebzehn Olivenbäume", berichtet die Mutter zweier Kinder. Jedes Jahr im November fährt sie mit dem Bus nach Hause, um die Oliven von Hand zu ernten! Die Ölmühle in Argriopouli stellt daraus mehr als hundert Liter kalt gepresstes Öl her – einen Teil davon transportiert sie nach Münster.

Für die Griechin stehen die alt bewährten Küchenklassiker ihrer Großmutter ganz oben auf der Liste: Forelle mit grobem Meersalz, geschmorten Tomaten, Kräutern und Flusskrebsen beispielsweise. „Durch unser Dorf fließt ein Fluss, aus dem wir die Forellen und Flusskrebse holen", sagt Evangelia Koutina, die Ende der Achtziger nach dem Abitur nach Münster gekommen ist und im Restaurant „Plaka" ihres Bruders Spiros Koutinas als Köchin arbeitet.

»Chicken Korma«

Mildes Curry mit Huhn

ZUBEREITUNGSZEIT
45 Minuten

ZUBEREITUNG

Das Fleisch unter fließend kaltem Wasser abspülen, trocken tupfen und in ca. 2,5 cm große Würfel schneiden. Die Zwiebel schälen und würfeln. Knoblauch und Ingwer schälen und zusammen pürieren, so dass eine Paste entsteht.

Das Öl erhitzen. Kardamom, Nelken, Lorbeerblätter und Kreuzkümmel darin anrösten. Zwiebel zugeben und 1 Minute mit den Gewürzen glasig dünsten.

Anschließend das Fleisch sowie die Knoblauch-Ingwerpaste zufügen und bei schwacher Hitze anbraten. Dann die gemahlenen Cashewkerne (Mandeln), Garam Masala, Salz, Kurkuma und Sahne hinzufügen. Ca. 10 Minuten bei schwacher Hitze köcheln lassen.

Den Koriander waschen, trocken schütteln und klein schneiden. Vor dem Servieren das Curry mit Pfeffer abschmecken und mit dem Koriander garnieren.

Dazu passt Reis, indisches Gemüse oder indisches Naan-Brot.

ZUTATEN

Für 4 Personen
700 g Hähnchenbrustfilet
1 Zwiebel
2 Knoblauchzehen
10 g frischer Ingwer
2 EL Pflanzenöl
4 grüne Kardamomkapseln
4 Nelken
2-3 Lorbeerblätter
1 TL Kreuzkümmel
½ Tasse gemahlene Cashewkerne oder Mandeln
2 TL Garam Masala
Salz
½ TL Kurkuma
75 ml Sahne
½ Bund Koriander
Pfeffer aus der Mühle

SUNITA KOCH | INDIEN

Sunita Kochs Gewürzdose ist eine wahre Schatzkiste: Gut verschlossen befinden sich darin Zimt, Sternanis, Kardamom, Nelken, Koriander, Senfkörner und Chili – Zutaten für die Gewürzmischung Garam Masala. Der märchenhafte Mix aus dem Morgenland verleiht indischen Currys nicht nur satte Farben sondern auch faszinierende Aromen.
„Jede Region vom Himalaya bis zur Südspitze des Landes hat ihre eigenen Spezialitäten", sagt die Inderin, die aus Nagpur kommt. Die Zwei-Millionenstadt liegt in Zentralindien im Bundesstaat Maharashtra, dort wo das Quecksilber schon mal die Fünfzig-Grad-Marke erreichen kann. Das subtropische Klima im Süden des Landes bietet jede Menge

»Indian vegetables«
Indisches Gemüse

ZUBEREITUNGSZEIT
40 Minuten

ZUBEREITUNG

Das Gemüse waschen, putzen und klein schneiden. Zwiebeln und Knoblauch schälen und würfeln, Chilischote(n) waschen und fein hacken.

Das Öl erhitzen. Kreuzkümmel, Knoblauch, Chili und die gehackten Zwiebeln darin glasig dünsten.

Die Tomaten waschen, vom Stielansatz befreien und würfeln. Zu den Zwiebeln geben und mit Kurkuma würzen.

Das vorbereitete Gemüse zugeben. Mit Salz abschmecken und zugedeckt bei schwacher Hitze 10 Minuten köcheln lassen.

Die Paprikaschote putzen, waschen und in sehr feine Streifen schneiden. Den Koriander waschen, trocken schütteln und klein schneiden. Paprikastreifen und Koriander am Schluss zugeben.

ZUTATEN

Für 4 Personen
700 g Gemüse, z.B. Blumenkohl, Möhren, Erbsen, Mais
2 Zwiebeln
3 Knoblauchzehen
1-2 frische grüne Chilischoten
4 EL Pflanzenöl
½ TL Kreuzkümmel
2 Tomaten
½ TL Kurkuma
Salz
½ rote oder gelbe Paprikaschote
½ Bund Koriander

exotische Früchte, Gemüse und Kokosnüsse für die landestypischen Currys. Sunita Kochs Lieblingsgericht ist Chicken Norma, ein mildes Curry aus Huhn, grünem Kardamom, Kreuzkümmel und Cashewnüssen, das sie mit Gemüse und selbst gebackenem Naan-Brot serviert. „Unsere Küche ist eine der gesündesten der Welt und hat viel mit der ayurvedischen Medizin zu tun", betont die passionierte Hobbyköchin, die in Indien Ökotrophologie studiert hat. „Wir kochen alles frisch und verwenden nur wenig Fett."

Bevor Sunita Koch nach Münster gekommen ist, hat sie in der Schweiz als Managerin indischer Restaurants gearbeitet. Die Mutter zweier Kinder, die mit einem Münsteraner verheiratet ist, hat sich mit der deutschen Küche schnell angefreundet – Spätzle, Braten und Pumpernickel zählen zu ihren Favoriten.

»Mirsaghasemi«

Auberginenpüree

GESAMTZEIT	ZUBEREITUNGSZEIT	BACKZEIT
60 Minuten	30 Minuten	30 Minuten

ZUBEREITUNG

Den Backofen auf 180 ºC vorheizen. Die Auberginen waschen und im Ofen backen, bis die Haut runzelig wird und sich leicht ablösen lässt (ca. 30 Minuten). Mit kaltem Wasser die Reste der Schale abspülen. Die Auberginen mit einer Gabel zerdrücken.

Zwiebel und Knoblauch schälen, hacken und in Olivenöl glasig dünsten. Die zerdrückten Auberginen hinzufügen. Alles bei schwacher Hitze anbraten. Die abgetropften Tomaten zugeben. Mit Salz, Pfeffer und Advieh würzen. Etwa 20 Minuten bei schwacher Hitze köcheln lassen. Zwischendurch umrühren.

Die Kräuter waschen, trocken schütteln, hacken und getrennt dazu servieren. Die Butter erhitzen, die Spiegeleier darin braten und auf das Püree geben.

ZUTATEN

Für 4 Personen
2 große Auberginen
1 Zwiebel
5 Knoblauchzehen
2 EL Olivenöl
1 große Dose geschälte Tomaten
Salz
Pfeffer aus der Mühle
Advieh (iranische Gewürzmischung, Asialaden)
1 Bund Petersilie oder Minze
1 EL Butter
4 Eier

MEHRNAZ HADIPOUR | IRAN

Kochen mit zauberhaften Gewürzen und verlockenden Aromen: Mehrnaz Hadipour zeigt uns, wie man in die kulinarische Traumwelt des Morgenlandes eintauchen kann und dass für ein gelungenes Menü eine Portion gute Laune dazugehört. Die Iranerin empfiehlt daher vorab süße Datteln und schwarzen Tee, den sie mit kostbarem Safran aromatisiert: „Safran wirkt stimmungsaufhellend und macht sofort glücklich."

Für Mirsaghasemi backt Mehrnaz Hadipour Auberginen im Backofen, häutet sie und brät das zerkleinerte Fruchtfleisch mit Zwiebeln und Knoblauch an. Mit Tomaten und einer iranischen Gewürzmi-

»Zereshk Polo«

Berberitzen-Huhn mit Safranreis

GESAMTZEIT	ZUBEREITUNGSZEIT	GARZEIT
120 Minuten	30 Minuten	90 Minuten

ZUBEREITUNG

Das Huhn waschen und in Salzwasser bei schwacher Hitze etwa 90 Minuten garen. 20 Minuten vor Ende der Garzeit den Reis in Salzwasser kochen. Die Safranfäden mit etwas Wasser in ein kleines Gefäß geben und auf den kochenden Reis setzen. Anschließend die Flüssigkeit unter den Reis rühren.

Das Huhn aus der Brühe nehmen, in kleine Stücke schneiden und zum Reis geben. Mit Salz und Pfeffer würzen.

Die Berberitzen waschen und in Öl (Butter) leicht anbraten. Den Zucker unterrühren und auflösen.

Anschließend die Berberitzen über Huhn und Reis streuen.

ZUTATEN

Für 4 Personen
1 Suppenhuhn
Salz
200 g Basmatireis
ca. 8 Safranfäden
Pfeffer aus der Mühle
150 g Berberitzen (Asialaden)
2 EL Pflanzenöl oder Butter
2 TL Zucker

schung aus Zimt, Koriander und Piment wird das würzig-pikante Auberginenpüree mit ofenwarmem Fladenbrot serviert. Optimaler Begleiter für dieses Gericht ist Zereshk Polo, ein Berberitzen-Huhn mit Reis. Ihr Tipp: Safran in einem kleinen Gefäß in etwas Wasser auflösen, auf den kochenden Reis setzen und anschließend die gelbe Flüssigkeit unterrühren. So verleiht das „gelbe Gold" dem Reis ein wunderbares Aroma. Besonders schön sieht es aus, wenn man am Schluss karamellisierte Berberitzen über den Reis streut.

Die Lehrerin, die Anfang der Neunziger mit ihrer Familie den Iran verlassen hat, arbeitet an einer Coerder Grundschule in der Nachmittagsbetreuung. Die deutsche Küche findet sie lecker: Schnitzel, Bratwurst und Frikadellen zählen zu ihren Favoriten. Eisbein und Sauerkraut hingegen nicht: „Das ist mir zu fett und zu sauer."

»Pasta con le patate«

Nudeln mit Kartoffelcreme

ZUBEREITUNGSZEIT
45 Minuten

ZUBEREITUNG

Den Knoblauch schälen und in Scheiben schneiden. Die Kartoffeln schälen, waschen und würfeln. Den Parmesan reiben.

Den Knoblauch in der Hälfte des Öls glasig dünsten und aus dem Topf nehmen. Die Kartoffeln bei kleiner Hitze im selben Topf im restlichen Olivenöl anbraten und salzen. 600 ml Wasser zum Kochen bringen.

Kochendes Wasser nach und nach in kleinen Mengen (löffelweise) zugeben. Die Kartoffeln unter ständigem Rühren cremig rühren. Die Sauce sollte noch einige Stückchen enthalten. (Vorgang dauert ca. 1/2 Stunde).

Die Creme mit ca. 1 Liter Wasser auffüllen und aufkochen. Die Nudeln in der Sauce al dente kochen. Mit Salz und Pfeffer abschmecken.

Die Petersilie waschen, trocken schütteln und am Schluss zugeben. Mit Parmesan bestreuen.

ZUTATEN

Für 4 Personen
3 Knoblauchzehen
500 g mehlig kochende Kartoffeln
50 g Parmesan
3 EL Olivenöl
Salz
400 g Maccaroni oder kleine Penne
Pfeffer aus der Mühle
1 Bund Petersilie

LUISA SCARAMELLA | ITALIEN

Luisa Scaramella kommt aus der sizilianischen Hafenstadt Messina. Wenn sie gebackene Auberginen mit Tomaten, frischem Basilikum und Parmesan auftischt, denkt man an Sommer, Sonne und Süden. Bei der Zubereitung des mediterranen Ofengerichts nach einem traditionellen Rezept ihrer Großmutter ist sie sich sicher: Tomaten niemals aus Dose oder Tetra Pak. Wenn schon keine frischen, dann wenigstens die guten aus Flasche oder Glas, idealerweise aus Pachino, einem Ort in Südsizilien, wo es die meisten Sonnenstunden gibt. Hocharomatisch im Geschmack, verlangen die pürierten Edeltomaten höchstens nach ein wenig Knoblauch und frischen Kräutern. Für Pastagerichte

»Parmigiana di melanzane«

Sizilianischer Auberginenauflauf

GESAMTZEIT	ZUBEREITUNGSZEIT	BACKZEIT
95 Minuten	75 Minuten	20 Minuten

ZUBEREITUNG

Die Auberginen waschen und der Länge nach in ca. 1 cm dicke Scheiben schneiden. Mit Salz bestreuen. Etwa 60 Minuten einwirken lassen, damit sie Wasser verlieren.

Inzwischen Zwiebel und Knoblauch schälen, fein hacken und in 1 EL Öl glasig dünsten. Passierte Tomaten hinzufügen. Mit Salz und Pfeffer würzen. 30 Minuten bei schwacher Hitze köcheln lassen.

Die Eier pellen und in Scheiben schneiden. Scarmoza (Mozzarella) würfeln und Parmesan reiben. Basilikum waschen, trocken schütteln und klein schneiden. Die Auberginenscheiben mit kaltem Wasser abspülen, trocken tupfen und auf beiden Seiten im restlichen Olivenöl anbraten.

Den Backofen auf 180 Grad (Umluft) vorheizen. Den Boden einer Auflaufform mit Tomatensauce bedecken. Dann eine Schicht Auberginen in die Form geben. Je die Hälfte des Scarmoza (Mozzarrella), der Eier und des Basilikums darauf verteilen. Vorgang wiederholen. Mit Parmesan abschließen. Auflauf 20 Minuten im Ofen backen. Warm oder kalt servieren.

ZUTATEN

Für 4 Personen
3 Auberginen
Salz
1 Zwiebel
1 Knoblauchzehe
4 EL Olivenöl
700 ml passierte Tomaten
Pfeffer aus der Mühle
3 hart gekochte Eier
100 g Scarmoza (geräucherter Käse) oder Mozzarella
50 g Parmesan
1 Bund Basilikum

bevorzugt die Süditalienerin, die in Münster als selbständige Übersetzerin und Sprachdozentin die Sprachschule „buono" betreibt, original italienische Teigwaren. Ihr Favorit: Pasta con le patate – Nudeln mit einer Sauce aus cremig gerührten Kartoffeln, Petersilie und Parmesan.

Umgeben vom tyrrhenischen und ionischen Meer, kommt am südlichen Endes des Stiefels aber auch häufig Fisch auf den Tisch: gegrillte Schwertfischsteaks beispielsweise, serviert mit einer leckeren Tunke aus bestem Olivenöl, Zitrone, Salz und Oregano. „Im Norden ist die Küche viel schwerer" sagt die Mutter zweier Kinder. Dort sind eher sahnige Tortellini und cremige Risotti auf den Speisekarten anzutreffen. Oder ungesalzenes Brot mit Pancetta und Schinken aus San Daniele und Parma.

»Miso soup«

Misosuppe

ZUBEREITUNGSZEIT
20 Minuten

ZUBEREITUNG

Die Lauchzwiebeln putzen und waschen. Die dunkelgrünen Enden klein schneiden.

600 ml Wasser zum Kochen bringen, Katsoubushi mit grünen Lauchzwiebelstücken ins kochende Wasser geben und die Herdplatte ausstellen. Der Dashi (Fischbrühe) muss 5 Minuten ziehen. Dann durch ein Sieb gießen, die Flüssigkeit auffangen und die Thunfischflocken gut ausdrücken.

Den aufgefangen Dashi in einen Topf geben und schwach aufkochen lassen. Die Misopaste löffelweise in die Suppe geben und vorsichtig umrühren, bis sich die Paste aufgelöst hat. Die Suppe darf jetzt nicht mehr kochen. Restliche weiße Lauchzwiebelstücke sehr fein hacken und mit Wakame-Algen in die Suppe geben.

Als Einlage für Misosuppe eignen sich auch Rettich, Möhren, Sojasprossen oder Tofu.

ZUTATEN

Für 4 Personen
4 dünne Lauchzwiebeln
1 Handvoll Katsoubushi (getrocknete Thunfischflocken, Asialaden)
3 EL Misopaste (Asia- oder Bioladen)
1 EL Wakame-Algen (Asialaden)

JUNICHIRO WATAHIKI | JAPAN

Für Junichiro Watahiki ist die Kochzeitschrift, die ihm seine Mutter mit auf den Weg nach Deutschland gegeben hat, so etwas wie eine Bibel. Das Hochglanzmagazin mit den bunten Rezeptfotos und Kochanleitungen in japanischer Schrift hat ihm schon so einige leckere Mahlzeiten beschert. „Häufig gibt es in meiner Studentenküche aber auch nur Misosuppe und Reis", gesteht er, „das geht schnell und ist preiswert." Das Gedeck aus Reis und Suppe unterliegt dabei strengen Vorschriften: Die Schale mit dem Reis muss immer links stehen, die Misosuppe rechts. Und: Reis ist nicht gleich Reis. Die Supermarktware aus dem deutschen Discounter jedenfalls schafft es nicht bis in seinen

»Chikuzen-ni«

Hühnchen mit Shiitakepilzen

ZUBEREITUNGSZEIT
40 Minuten

ZUBEREITUNG

Die Shiitkakepilze putzen und je nach Größe halbieren oder vierteln. Die Möhren waschen, schälen und in 1 cm dicke Scheiben schneiden. Das Hähnchenfleisch waschen, trocken tupfen und klein schneiden.

Das Fleisch ca. 10 Minuten in 1 EL Öl anbraten, mit wenig Salz und Pfeffer würzen und anschließend aus der Pfanne nehmen. Möhren, tiefgefrorene Lotuswurzeln und Pilze im restlichen Öl in der Pfanne anbraten. Mit Dashi ablöschen und bei mittlerer Hitze etwas einkochen lassen.

Sojasoße, Sake und Zucker hinzufügen. Das Fleisch zum Gemüse und zu den Pilzen in die Pfanne geben.

Dazu passt Reis.

ZUTATEN

Für 4 Personen
100 g frische Shiitakepilze
2 Möhren
200 g Hähnchenbrustfilet
2 EL Pflanzenöl
Salz
Pfeffer aus der Mühle
150 g Lotuswurzeln (TK, Asialaden)
400 ml Dashibrühe (Rezept siehe Misosuppe; oder Instant Dashi aus dem Asialaden verwenden)
4 EL Sojasoße
2 EL Sake (japanischer Reiswein, Asialaden)
1 Prise Zucker

Kochtopf. „Was die Kartoffeln für die Deutschen sind, das ist der Reis für die Japaner", erklärt der Musikstudent. Stolze zwanzig Euro zahlt man durchschnittlich für fünf Kilo in Japan! Was nicht wundert, denn wenn ein Taifun über die zarten Pflänzchen hinwegfegt, dann kann schon mal die ganze Ernte hinüber sein. Damit es genauso schmeckt wie zu Hause, lässt er das Getreide von seinen Eltern einfliegen, das daheim in Mito auf Nachbars Grundstück wächst. Mito ist eine Stadt ähnlich groß wie Münster und liegt 140 Kilometer südlich von Fukushima.

In der Westfalenmetropole genießt der Japaner Wurst in allen Variationen. Am liebsten isst er sie mit Kartoffelpüree und Sauerkraut oder mit Bratkartoffeln. Ob Wiener, Frankfurter oder Nürnberger: „Wurst ist so lecker", schwärmt er, „mir fehlt aber eine Münsterwurst."

»Falafel«

Kichererbsenbällchen

ZUBEREITUNGSZEIT
30 Minuten

ZUBEREITUNG

Zwiebel und Knoblauch schälen. Petersilie waschen, trocken schütteln und hacken. Die Kichererbsen abgießen. Mit Zwiebel, Knoblauch und Petersilie durch die kleinste Lochreibe des Fleischwolfes drehen oder mit dem Pürierstab pürieren. Chilischote waschen, putzen, hacken und mit Kreuzkümmel, Backpulver und Salz zum Teig geben.

Aus dem Teig kleine flache Bällchen formen. In einem Topf bzw. einer Fritteuse das Öl erhitzen und die Falafel darin 3-5 Minuten knusprig braun frittieren.

Falafel mit Blattsalat, Gurken, Tomaten und Knoblauch-Joghurtsauce in ofenwarmes Fladenbrot füllen.

ZUTATEN

Für 4 Personen
250 g Kichererbsen
1 große Zwiebel
4 Knoblauchzehen
1 Bund Petersilie
1 frische rote Chilischote
1 EL gemahlener Kreuzkümmel
1 TL Backpulver
Salz
500 ml Pflanzenöl

! Die Kichererbsen 8 Stunden in Wasser einweichen

AHMAD ZYADEH | JORDANIEN

Wenn Ahmad Zyadeh von arabischen Imbissgerichten erzählt, läuft einem das Wasser im Mund zusammen. Statt Fritten und Currywurst setzt man im Nahen Osten auf Falafel. Das sind frittierte Kichererbsenbällchen, die wie kleine Ufos aussehen und mit knackig frischem Salat in Fladenbrot eingerollt werden. Das vegetarische Fingerfood wird in seiner Heimat an jeder Ecke angeboten und zählt zu den meist verzehrtesten Snacks in der Region. Manchmal steht die palästinensische Spezialität aber auch in der „Brücke", dem internationalen Begegnungszentrum der Uni Münster, auf dem Speiseplan. Ahmad Zyadeh arbeitet dort im Büro für Alumni International und kocht einmal wöchentlich mittags im Café Couleur. Auf der Studentenetage hat der Politikwissenschaftler, der Anfang der Neunziger nach Münster gekommen ist, reichlich Küchenpraxis erworben. Der Vorsitzende der palästinensischen Gesellschaft in Münster ist verheiratet und hat zwei Kinder.

»Soupe aux arachides«

Erdnuss-Suppe der Ewondo

GESAMTZEIT 120 Minuten · **ZUBEREITUNGSZEIT** 40 Minuten · **GARZEIT** 80 Minuten

ZUBEREITUNG

Beinscheiben waschen und mit Salzwasser bedeckt zum Kochen bringen. Eine halbe geschälte Zwiebel hinzufügen. 90 Minuten bei schwacher Hitze köcheln lassen.

Erdnüsse rösten und im Mörser fein mahlen. Das Fleisch aus dem Topf nehmen, vom Knochen lösen und in kleine Stücke schneiden. Den Schaum von der Brühe abschöpfen.

Das Öl in einem großen Topf erhitzen und die passierten Tomaten darin anschwitzen. Fleisch, Lorbeerblätter, Habanero (ganz) und die Fleischbrühe hinzufügen. 10 Minuten stark kochen lassen. Hitze reduzieren und die gemahlenen Erdnüsse (Erdnussbutter) stückchenweise zugeben. 20 Minuten bei schwacher Hitze köcheln lassen. Je nach Belieben Champignons oder Okraschoten zugeben.

Dazu passen Basmatireis, Kochbananen, Yamswurzeln, Maniokwurzeln, Kartoffelgrieß oder Brot.

ZUTATEN

Für 4 Personen
800 g Rinderbeinscheiben
Salz
½ Zwiebel
250 g ungesalzene Erdnüsse oder 300 g ungezuckerte Erdnussbutter
5 EL Erdnuss- oder Palmöl
4 EL passierte Tomaten
2-3 Lorbeerblätter
1 kleine gelbe Habanero (Afro- oder Asialaden)
je nach Belieben frische Champignons oder Okraschoten

MARIE-LINE NDOUBENA | KAMERUN

In Marie-Line Ndoubenas' Küche bekommt man spontan gute Laune. Kein Wunder, denn die sonnigen Farbtöne sind gut gegen Schlecht-Wetter-Depressionen. Die Afrikanerin ist in Kameruns Hauptstadt Jaunde aufgewachsen, beim Stamm der Ewondo. „Wir sind der Stamm der Erdnuss-Esser", erklärt sie den Namen. Zu ihren Lieblingsgerichten zählt Erdnuss-Suppe, die sie schon gerne als Kind bei ihrer Urgroßmutter auf dem Lande gegessen hat. Auf das traditionsreiche Rezept, das von Generation zu Generation weitergereicht worden ist, ist sie besonders stolz. „Wir sind Frauen, die wirklich gut kochen können, wir haben es im Blut." Die gelernte Kauffrau für Bürokommunikation arbeitet bei einem münsterischen Pharma-Dienstleister. An die deutsche Küche hat sich die Kamerunerin schnell gewöhnt. Rahmwirsing oder Schweinshaxe mit Rotkohl und Bratkartoffeln findet sie ausgesprochen lecker. Den Trend zu den „To-go"-Gerichten sieht sie sehr kritisch. „Die Menschen sollten mehr Zeit zum Essen haben und dabei Platz nehmen."

»Patacones«

Kochbananen mit Bohnencreme

GESAMTZEIT 105 Minuten **ZUBEREITUNGSZEIT** 45 Minuten **GARZEIT** 60 Minuten

ZUBEREITUNG

Die Bohnen abgießen und in reichlich Wasser mit 1 ganzen geschälten Kartoffel und 1 ganzen geschälten Zwiebel gar kochen (ca. 60 Minuten).

Die zweite Zwiebel und den Knoblauch schälen, würfeln und in 1 EL Öl glasig dünsten. Die Tomate waschen, vom Stielansatz befreien, würfeln und hinzufügen. Die Bohnen zugeben und mit Thymian, Kreuzkümmel und Salz würzen. Brühwürfel zugeben und bei schwacher Hitze mindestens ca. 10 Minuten zugedeckt köcheln lassen. Pürieren bis eine Creme entsteht. Schmalz unterrühren.

Die Kochbananen waschen, die Schale längs einschneiden und abtrennen. Bananen jeweils in 2-3 Stücke schneiden und im heißen Öl ca. 5 Minuten frittieren. Stücke herausnehmen, zwischen zwei feuchten Holzbrettern flach drücken und mit Salz bestreuen. Die Fladen nochmals im heißen Öl frittieren, bis sie am Rand goldbraun werden. Herausnehmen und zu der Creme reichen.

Avocados schälen, entkernen und in Spalten schneiden. Mit Zitronensaft beträufeln. Petersilie waschen, trocken schütteln, hacken und darüber streuen.

ZUTATEN

Für 4 Personen
500 g getrocknete Bohnen (z.B. Wachtelbohnen)
1 Kartoffel
2 Zwiebeln
1 Knoblauchzehe
500 ml Pflanzenöl
1 große Tomate
1 TL getrockneter Thymian
1 Prise gemahlener Kreuzkümmel
Salz
1 Würfel Gemüsebrühe
1 TL Schmalz
4 sehr grüne Kochbananen (Asialaden)
1 Avocado
Saft von 1 Zitrone
1 Bund Petersilie

! Die Bohnen 12 Stunden in Wasser einweichen

SYLVIA SALDARRIAGA | KOLUMBIEN

Sylvia Saldarriaga kommt aus Medellín, aus der Stadt des ewigen Frühlings. Mit einer durchschnittlichen Jahrestemperatur von 22 Grad und einer paradiesischen Flora und Fauna ist Kolumbien eines der grünsten Länder Lateinamerikas. Mehr als die Hälfte des Landes ist mit tropischem Regenwald bedeckt und die Küche mit exotischen Früchten und Gemüse reichlich gesegnet. Als die Kolumbianerin nach ihrem Studium der Erziehungswissenschaften nach Münster gekommen ist, konnte sie zwar nicht den ewigen Frühling mitbringen, dafür aber tolle Rezepte mit Kochbananen. Zu ihren Lieblingsgerichten zählen Patacones, das sind flache Stücke frittierter Kochbanane, die sie mit Bohnencreme bestreicht. Auch lecker die Variante mit pürierten Avocados, Zitronensaft, Salz und Pfeffer oder mit Thunfischcreme.

»Musaka«

Kartoffel-Hackfleisch-Auflauf

GESAMTZEIT	ZUBEREITUNGSZEIT	BACKZEIT
70 Minuten	30 Minuten	40 Minuten

ZUBEREITUNG

Die Zwiebeln schälen, würfeln und in Öl glasig dünsten. Das Hackfleisch hinzufügen, 10 Minuten anbraten und mit Salz, Pfeffer und Cayennepfeffer würzen.

Den Backofen auf 180 (Umluft) Grad vorheizen. Die Kartoffeln schälen, waschen und in sehr dünne Scheiben schneiden. In eine ofenfeste Form abwechselnd Kartoffeln und Hackfleisch schichten. Vegeta und 200 ml Wasser in die Form geben. Den Auflauf ca. 40 Minuten im Ofen backen.

Die Eier mit der Milch verquirlen und 5 Minuten vor Ende der Backzeit über den Auflauf gießen.

ZUTATEN

Für 4 Personen
3 Zwiebeln
3 EL Pflanzenöl
500 g Rindergehacktes
Salz
Pfeffer aus der Mühle
½ TL Cayennepfeffer
1 kg Kartoffeln
1 EL Vegeta
 (Gewürzmischung)
2 Eier
100 ml Milch

SUSANA MURATI | KOSOVO

Bei den Muratis geht es echt gesellig zu: Gleich vier Generationen inklusive Urenkel versammeln sich im Wohnzimmer, um etwas über die Küche im Kosovo zu erzählen. Damit man auch weiß, wovon Großmutter, Töchter und Enkelinnen reden, lädt die illustre Frauenrunde zu kosovarischen Spezialitäten ein. Susana Murati hat Musaka zubereitet – ein leckeres Ofengericht, das es im südosteuropäischen Mittelmeerraum in mehreren Varianten gibt, in Griechenland beispielsweise als Moussaka mit Auberginen. Die Kosovarin bereitet den Auflauf mit hauchdünnen rohen Kartoffelscheiben, Hackfleisch, Zwiebeln und einem Guss aus Milch und Eiern zu: „Wir kochen es ohne Käse und

»Pogača kiralea«

Schafskäsebrötchen

GESAMTZEIT 90 Minuten **ZUBEREITUNGSZEIT** 60 Minuten **BACKZEIT** 30 Minuten

ZUBEREITUNG

Das Mehl in eine Schüssel geben. In die Mitte eine Mulde drücken und die Hefe hineinbröseln. Ei, Salz und Butter in Stückchen darübergeben. Nach und nach 500 ml Wasser zugeben und zu einem geschmeidigen Teig verarbeiten. Teig in eine Schüssel geben, mit einem Handtuch bedecken und an einem warmen Ort ca. 30 Minuten gehen lassen.

Auf einer bemehlten Arbeitsfläche den Teig nochmals kurz durchkneten und zu einer langen Rolle formen. Rolle gleichmäßig in etwa 10 Stücke schneiden. Stücke zu Kugeln formen. In die Kugeln eine Vertiefung drücken und den Schafskäse hineingeben. Teig vom Rand aus über der Füllung gut zusammendrücken.

Den Backofen auf 200 Grad vorheizen. Eigelb verquirlen und die Teigkugeln damit einpinseln. Kugeln auf ein gefettetes Backblech setzen und 30 Minuten im Ofen backen.

ZUTATEN

Für 10 Stück
700 g Mehl
20 g frische Hefe
1 Ei
2 TL Salz
40 g kalte Butter
200 g Schafskäse
1 Eigelb
etwas Öl zum Einfetten

Sahne. Dann ist es nicht so fett." Dazu reicht ihre Schwester Afrodita Osmani frischen Salat und Pogača kiralea – ein Hefeteiggebäck mit köstlicher Schafskäsefüllung, das sie selbst gebacken hat.

„Wir kochen alle sehr gut", versichert Susana Murati, die in Pristina als Verkäuferin gearbeitet hat und Anfang der Neunziger mit ihrer Familie das Kosovo verlassen hat. „Die Situation wurde für uns immer schwieriger. Bevor die ersten Bomben fielen, haben wir das Land verlassen." Auf die Ausreise der Roma-Familie nach Deutschland folgten zehn Jahre im Asylbewerberheim. „Es war keine einfache Zeit", erinnert sich die Mutter dreier Kinder.

»Tajine«

Lammfleisch mit Pflaumen

GESAMTZEIT	ZUBEREITUNGSZEIT	GARZEIT
80 Minuten	20 Minuten	60 Minuten

ZUBEREITUNG

Das Fleisch unter fließend kaltem Wasser abspülen und trocken tupfen. In große Würfel schneiden und in 2 EL Olivenöl anbraten.

Zwiebeln, Knoblauch und Ingwer schälen, fein hacken und zum Fleisch geben. Petersilie und Koriander waschen, trocken schütteln, hacken und zugeben. Mit Salz, Pfeffer und Safran würzen. Die Hälfte der Zimtstangen (des Zimtpulvers) zugeben. Kaltes Wasser hinzufügen, so dass alle Zutaten bedeckt sind. Etwa 60 Minuten zugedeckt köcheln lassen, bis das Fleisch zart ist.

Pflaumen, Zucker und restliche Zimtstangen mit Wasser bedeckt ca. 10 Minuten köcheln lassen. Mandeln im restlichen Öl goldbraun rösten.

Das Fleisch in die Mitte einer vorgewärmten Platte geben. Mit Pflaumen und Mandeln umlegen.

Dazu passt Couscous.

ZUTATEN

Für 4 Personen
1,2 kg mageres Lammfleisch
3 EL Olivenöl
250 g Zwiebeln
6 Knoblauchzehen
10 g frischer Ingwer
1 Bund Petersilie
1 Bund Koriander
Salz
Pfeffer aus der Mühle
5 Safranfäden
4 Zimtstangen oder 1 TL Zimtpulver
150 g getrocknete Pflaumen
1 EL Zucker
100 g geschälte Mandeln

ABDEL ENNACHETE | MAROKKO

Verführerische Aromen und faszinierende Geschmackskompositionen – Speisen wie in einem Märchen aus Tausendundeiner Nacht muss kein Traum bleiben. Abdel Ennachete aus Marokko verrät uns, wie man Tajine zubereitet. Ein Gericht, das mit Lamm, Pflaumen, Zimt und Mandeln im gleichnamigen Kochgefäß aus gebranntem Lehm zubereitet wird. „In den ländlichen Gebieten wird Tajine über Nacht über dem Feuer gegart", erklärt der Marokkaner. Doch in der Drei-Millionen-Metropole Rabat und in den Städten entlang der Küste bis Casablanca werde nicht mehr so traditionell gekocht wie vor fünfzig Jahren. Der Student für Chemieingenieurwesen findet die deutsche Küche sehr lecker. „Wir sind offen für alles", betont seine Frau Paulina, die gebürtig aus Polen kommt, „besonders gerne essen wir Kalbsschnitzel." Manchmal aber gibt es auch polnisch-marokkanische Fusionsküche, deren Fan offenbar auch Sohn Sammy ist. Für den süßen Genuss empfiehlt Abdel Ennachete Ramdangebäck – die süßen Kekse aus seiner Heimatstadt Rabat werden mit Nüssen, Sesam, kostbarem Arganöl und Honig aus dem Atlasgebirge gebacken.

»Chicken – Masala«

Huhn mit Gemüse, Curry und Koriander

ZUBEREITUNGSZEIT
40 Minuten

ZUBEREITUNG

Das Hähnchenbrustfilet waschen, trocken tupfen und in Streifen schneiden. Die Paprikaschoten waschen, entkernen und in Streifen schneiden. Knoblauch und Ingwer schälen, hacken und im Mörser zu einer feinen Paste verarbeiten. Die Zwiebeln schälen und würfeln.

Die Hähnchenbruststreifen in Öl anbraten, Zwiebeln und Paprikastreifen hinzufügen und bissfest garen. Mit Salz, Pfeffer, Kreuzkümmel, Currypulver, Kurkuma, Garam Masala und gemahlenen Koriandersamen würzen. Ingwerpaste und Tomatenmark zugeben. Den Koriander waschen, trocken schütteln und die Blättchen über das Gericht streuen.

Dazu passen Basmatireis, Naan-Brot oder Chapatis (indisches Fladenbrot).

ZUTATEN

Für 4 Personen
600 g Hähnchenbrustfilet
1 rote Paprikaschote
1 grüne Paprikaschote
4 Knoblauchzehen
80 g frischer Ingwer
2 Zwiebeln
2 EL Pflanzenöl
Salz
Pfeffer aus der Mühle
1 TL gemahlener Kreuzkümmel
1 TL Madras Currypulver
1 TL Kurkuma
1 TL Garam Masala
1 TL gemahlene Koriandersamen
2 EL Tomatenmark
1 Bund frischer Koriander

RAJITA GURUNG | NEPAL

Wer auf Trekkingtouren im Himalaya unterwegs ist, muss auf gesunde Küche nicht verzichten. Da die Kraxeltouren zu den höchsten Gipfeln der Welt kein Spaziergang sind, versorgen gut organisierte Küchenteams die Wandertouristen in der schroffen Bergwelt mit nepalesischen Köstlichkeiten. In den teilweise subtropischen Regionen Nepals bietet die Küche eine Vielzahl an exotischem Gemüse und Früchten. „In Nepal essen wir nur einmal die Woche Fleisch", sagt Rajita Gurung, die von Pokhara, der drittgrößten Stadt Nepals, nach Münster gezogen ist. „Hier sind meine Familie und ich jetzt sehr glücklich", versichert die Nepalesin. Zu ihren Lieblingsgerichten zählt Chicken Masala – ein Gericht, das mit Huhn, Paprika, Curry und Koriander zubereitet wird. Den Gurungs ist vor einigen Jahren ihr ganz persönlicher Aufstieg in die berufliche Selbstständigkeit gelungen: Sie betreiben den Lieferservice „Carlos Pizza-Blitz", der auch asiatische Gerichte anbietet, an der Friederich-Ebert-Straße in Münster.

»Mediterrane stamppot«

Mediterraner Grünkohl-Kartoffelstampf

ZUBEREITUNGSZEIT
45 Minuten

ZUBEREITUNG

Kartoffeln schälen, waschen, in Stücke schneiden und in Gemüsebrühe gar kochen.

Zwiebeln und Knoblauch schälen, würfeln und in Öl glasig dünsten. Kräuter der Provence und Kreuzkümmel zugeben. Ca. 4 Minuten zugedeckt bei schwacher Hitze dünsten.

Eingelegte Tomaten abtropfen lassen und in Streifen schneiden. Grünkohl waschen, mit den Tomaten zu den Zwiebeln geben und ca. 5 Minuten dünsten. Kartoffelstücke mit einem Schaumlöffel aus der Brühe nehmen und hinzufügen. Brühe zugeben, so dass alle Zutaten bedeckt sind. Ca. 15 Minuten köcheln lassen.

Anschließend alles fein stampfen. Bei Bedarf noch etwas Brühe hinzufügen, so dass eine cremige Masse entsteht. Mit Olivenöl, (Kräuter-)salz und Pfeffer abschmecken.

Wer mag, streut gebratene Tofuwürfel, gesalzene Cashewkerne oder geröstete Pinienkerne über den Stamppot.

ZUTATEN

Für 4 Personen
1 kg Kartoffeln
700 ml Gemüsebrühe
3 Zwiebeln
1 große Knoblauchzehe
4 EL Olivenöl
1 EL getrocknete Kräuter der Provence
½ TL gemahlener Kreuzkümmel
8 getrocknete und in Öl eingelegte Tomaten
700 g gezupfter Grünkohl
(Kräuter-)salz
Pfeffer aus der Mühle

INGEBORG HARMES | NIEDERLANDE

Wer in Enschede schon mal auf dem Markt war, kennt die vielen Stände mit Poffertjes, Matjes und Frietjes. Ingeborg Harmes fährt mit ihrer Familie regelmäßig dorthin, um in den Genuss typisch holländischer Produkte zu kommen. Holländische Pommes Frites gibt es zwar auch in Münster, aber „in den Niederlanden schmecken sie einfach besser" meint die gebürtige Maastrichterin, die Mitte der Neunziger mit ihrem Mann in die Westfalenmetropole gezogen ist. Imbissklassiker wie Bitterballen, Kroket und Frikandel speciaal sind nur selten bei den Harmes finden. „Das ist nicht die feine niederländische Küche", meint die Gievenbeckerin, die ein

»Hangop met pruimen«

Joghurt mit Pflaumen

ZUBEREITUNGSZEIT
30 Minuten

ZUBEREITUNG

Ein sauberes Geschirrtuch mit kaltem Wasser ausspülen und auswringen. Ein Abtropfsieb in einen großen Topf geben und mit dem Geschirrtuch auslegen. Joghurt hineingeben und 4 Stunden im Kühlschrank abtropfen lassen, bis eine dickliche Masse entstanden ist.

Saft und Orangenabrieb mit Wein (Tee), Pflaumen, Vanillezucker und Lebkuchengewürz zum Kochen bringen. Ca. 30 Minuten köcheln lassen, bis die Pflaumen-Wein-Mischung eine sirupartige Konsistenz angenommen hat. Abkühlen lassen und mit dem Joghurt servieren.

ZUTATEN

Für 4 Personen
2 kg Naturjoghurt 3,5 % Fett
Saft und abgeriebene Schale von 1 Bio-Orange
500 ml Rotwein oder schwarzer Tee
250 g Trockenpflaumen
2 Päckchen Vanillezucker
½ TL Lebkuchengewürz

! Den Joghurt 4 Stunden „aufhängen"

Fan von Stamppot ist. Den traditionellen Eintopf mit gestampften Kartoffeln und Grünkohl bereitet die Sprachwissenschaftlerin gerne als vegetarische Variante mit getrockneten Tomaten, Kräutern der Provence und Olivenöl zu. Verwandt mit Stamppot ist Hete bliksem, der heiße Blitz aus der Familie der Eintöpfe. In den östlichen Niederlanden „hemel en aarde" genannt, lässt sich die Verwandtschaft mit der rheinländischen Version von Himmel und Erde mit gebratener Blutwurst nur schwer leugnen.

An der Küste dagegen haben Seezunge, Muscheln und Krabben das Sagen in der Küche. Zur Heringssaison gibt es Hollands Nieuwe – butterzarte Majes aus Scheveningen, die über Kopf gegessen werden. Als Dessert empfiehlt die Niederländerin Hangop, Joghurt, der „aufgehängt" erst richtig gut schmeckt und mit Rotwein-Pflaumen serviert wird.

»Chou vert au gingembre«

Grünkohl mit Ingwer

GESAMTZEIT	ZUBEREITUNGSZEIT	GARZEIT
45 Minuten	15 Minuten	30 Minuten

ZUBEREITUNG

Zwiebel, Knoblauch und Ingwer schälen, würfeln und in Öl glasig dünsten. Chilischote waschen, putzen, hacken und zugeben. Tomaten waschen, vom Stielansatz befreien, würfeln und hinzufügen.

Grünkohl waschen und hinzufügen. Brühe zugießen. Mit Salz und Pfeffer würzen. Ca. 30 Minuten köcheln lassen.

Dazu passt Reis.

ZUTATEN

Für 4 Personen
1 Zwiebel
1 Knoblauchzehe
50 g frischer Ingwer
1 EL Pflanzenöl
1 frische rote Chilischote
3 Tomaten
800 g gezupfter Grünkohl
250 ml Gemüsebrühe
Salz
Pfeffer aus der Mühle

DAVID ALKABID | NIGER

David Alkabid ist ein kreativer Koch: Sogar für Grünkohl hat er sich eine westafrikanische Variante mit Ingwer ausgedacht. Dass seine Zubereitungsweise deutliche Vorteile hat, macht sich in einem Punkt ganz besonders bemerkbar: „Wenn ich Kohl koche, dann riecht es überhaupt nicht streng." Den unangenehmen Geruch scheint er einfach wegzuzaubern. Kein Wunder, denn der Afrikaner ist gelernter Koch und hatte ein eigenes Restaurant im Herzen von Niger. Dort, wo die Sahelzone in die Wüstenzone der Sahara übergeht, im Provinzstädtchen Tchirozérine in der Region Agadez. „Ich hatte fünf Köche", berichtet er, „mein Restaurant war das beste in der Stadt." Seine Gäste

»Maffé«
Schwarze Bohnen mit Erdnuss-Spinat

ZUBEREITUNGSZEIT
50 Minuten

ZUBEREITUNG

Die Bohnen abgießen und garen (ca. 45 Minuten). 20 Minuten vor Ende der Kochzeit den Reis zugeben. Hitze reduzieren, bei Bedarf etwas Wasser zugießen.

Inzwischen Zwiebel, Knoblauch und Ingwer schälen, hacken und in Öl glasig dünsten. Die Tomaten waschen, vom Stielansatz befreien, würfeln und hinzufügen. Alles breiig einkochen und mit Salz, Pfeffer und Chilipulver kräftig abschmecken. 1 l Wasser mit der Brühe hinzufügen und aufkochen.

Die Erdnussbutter hineinrühren. Den Spinat waschen, klein schneiden und hinzufügen. Ca. 20 Minuten köcheln lassen und nochmals mit Salz und Pfeffer abschmecken. Reis-Bohnen-Mischung mit Erdnuss-Spinat auf Tellern anrichten.

ZUTATEN

Für 4 Personen
250 g getrocknete schwarzäugige Bohnen (Afro- oder Asialaden)
250 g Reis
1 Zwiebel
4 Knoblauchzehen
20 g frischer Ingwer
1 EL Pflanzenöl
3 Tomaten
Salz
weißer und schwarzer Pfeffer aus der Mühle
1 TL Chilipulver
1 EL gekörnte Brühe
1 kleines Glas Erdnussbutter
1 kg frischer Blattspinat

! Die Bohnen 12 Stunden in Wasser einweichen

sind sogar aus dem Senegal angereist und haben in seinem Garten in Palmenhütten gespeist. Eines seiner Lieblingsgerichte ist Reis mit schwarzen Bohnen und Erdnuss-Spinat, das er in seinem Restaurant auf einem großen, mit Holz befeuerten Herd zubereitet hat.

David Alkabid vermisst sein Restaurant sehr und würde gerne wieder richtig mit dem Kochen anfangen. Er lebt seit vielen Jahren als Asylbewerber im Münsterland und darf hier nicht gewerblich arbeiten. Manchmal kocht er für Freunde oder wenn die Botschafterin Nigers nach Münster kommt. „Für sie habe ich auf dem Afrika-Festival gekocht. Sie kommt aus der Hauptstadt Nigers, aus Niamey."

»Egusi Soup«

Eintopf mit Melonenkernen

GESAMTZEIT	ZUBEREITUNGSZEIT	GARZEIT
90 Minuten	30 Minuten	60 Minuten

ZUBEREITUNG

Die Zwiebeln schälen und würfeln. Das Rindfleisch waschen, trocken tupfen, in Würfel schneiden und mit 200 ml Wasser, etwas Salz und Brühe langsam zum Kochen bringen. Die Hälfte der Zwiebeln, Thymian und Currypulver hinzufügen. Bei schwacher Hitze etwa 60 Minuten köcheln lassen, bis das Fleisch gar ist.

Frische Chilischote waschen und putzen. Tomaten, restliche Zwiebeln und Chilischote pürieren. Den frischen Spinat waschen und putzen. In einem zweiten Topf das Palmöl erhitzen. Die Tomatenmischung hinzufügen. Unter Rühren 15 Minuten köcheln lassen.

Das Fleisch zugeben und zugedeckt weitere 3 Minuten köcheln lassen. Gelegentlich umrühren. Die gemahlenen Melonenkerne mit 200 ml Wasser zu einer Paste verrühren und zugeben. Danach den Spinat hinzufügen und weitere 10 Minuten bei schwacher Hitze köcheln lassen. Mit Salz abschmecken.

ZUTATEN

Für 4 Personen
2 rote Zwiebeln
700 g Rindfleisch
Salz
2 EL gekörnte Rindfleischbrühe
½ TL getrockneter Thymian
½ -1 TL Currypulver
1 frische oder getrocknete Chilischote
1 kleine Dose geschälte Tomaten
500 g frischer Blattspinat oder 300 g TK-Blattspinat
150 ml Palmöl (Asialaden)
100 g gemahlene Melonenkerne (Afro- oder Asialaden)

BENJAMIN EZIUKA | NIGERIA

Matjes mag er gar nicht. Zu ungewöhnlich ist der Geschmack der salzigen Nordseeheringe für Benjamin Eziuka, der aus Plateau State kommt, einem der sechsunddreißig Bundesstaaten Nigerias. „Ich habe diesen rohen Fisch einmal probiert und nie wieder", gesteht er. Doch eigentlich ist der Westafrikaner ein Fan von allem, was aus dem Meer kommt. „Zu Hause gab es fast jeden Tag Fisch", seine Mutter hatte ein Fischgeschäft. Tiefkühlkost und Konserven sind in Nigeria kaum erhältlich. Auf den täglich stattfindenden Märkten bekommt man bei den Händlern so ziemlich alles, auch Trockenprodukte wie Reis, Hirse und Gewürze. Und Supermärkte?

»Nigerian Fried Rice«

Nigerianische Reispfanne

ZUBEREITUNGSZEIT
60 Minuten

ZUBEREITUNG

Das Hähnchen waschen, in kleine Stücke zerlegen und mit Salzwasser bedeckt zum Kochen bringen. Zwiebeln schälen und würfeln. Hühnerbrühe, Thymian und ⅔ der Zwiebeln zugeben. Bei mittlerer Hitze ca. 30 Minuten garen. Die Rinderleber mit kaltem Wasser abspülen, trocken tupfen und 15 Minuten in Salzwasser garen.

Die Möhren waschen, schälen und würfeln. Die frischen Bohnen waschen, putzen und in kurze Abschnitte schneiden. Das Gemüse 5 Minuten in Salzwasser blanchieren und abtropfen lassen.

Das Hähnchen aus der Brühe nehmen, abtropfen lassen und in der Hälfte des Öls goldbraun braten. Rinderleber klein schneiden. Hühnerbrühe durch ein Sieb gießen, davon 375 ml zum Kochen bringen. Currypulver zugeben und den Reis darin in knapp 20 Minuten bissfest garen. Eventuell Brühe nachgießen.

Restliche Zwiebeln im restlichen Öl glasig dünsten. Reis und Leber zugeben und anbraten. Gedünstetes Gemüse unterrühren. Mit Currypulver abschmecken. Mit dem Hähnchenfleisch auf einer Platte anrichten.

ZUTATEN

Für 4 Personen
1 Hähnchen
Salz
3 mittelgroße Zwiebeln
3 EL gekörnte Hühnerbrühe
1 TL Thymian
100 g Rinderleber
5 mittelgroße Möhren
150 g frische grüne Bohnen oder TK-Bohnen
4 EL Pflanzenöl
250 g Langkornreis
1 TL Currypulver

„Viel zu teuer, da kaufen nur die Reichen", meint der Nigerianer, der mit seiner Lebensgefährtin und seinen Kindern in Münster lebt. Echt nigerianisch kochen in Münster dagegen ist gar nicht so einfach. Immerhin: Im Asialaden hat er für einen seiner Lieblingseintöpfe Egusi gefunden – gemahlene Melonenkerne, die in Nigerias Nationalgericht Egusi Soup nicht fehlen dürfen. Soup bedeutet dabei in Nigeria meistens Eintopf.

„Wenn ich Heimweh habe, gehe ich ins afrikanische Restaurant", sagt der Afrikaner, der in Münster als Büroangestellter im öffentlichen Dienst arbeitet. In Nigeria hat er als Architekt in der Bundeshauptstadt Jos ein erfolgreiches Bauunternehmen geführt, das eines Tages in Flammen aufging – verursacht durch politische Unruhen zur Zeit der Diktatur. Danach hat er seine Sachen gepackt und das Land verlassen.

»Causa de pollo«

Kartoffel-Huhn-Terrine mit Avocado

GESAMTZEIT	ZUBEREITUNGSZEIT	GARZEIT
75 Minuten	45 Minuten	30 Minuten

ZUBEREITUNG

Kartoffeln schälen, waschen und in Salzwasser garen. Hähnchenbrustfilet unter fließend kaltem Wasser abspülen und bei schwacher Hitze ca. 30 Minuten in Salzwasser garen.

Kartoffeln und Hähnchenbrustfilet abkühlen lassen. Kartoffeln durch die Presse drücken. Chilischoten waschen, putzen, mit dem Limettensaft fein pürieren und unter die Kartoffelmasse rühren. Mit Salz und Pfeffer abschmecken. Hähnchenbrustfilet klein schneiden und mit der Mayonnaise mischen.

Avocado schälen, entkernen und in Streifen schneiden. Ein Drittel der Kartoffelmasse in eine Terrinenform geben, dann ein Drittel der Hähnchenmasse. Avocadostreifen darauf legen. Vorgang zweimal wiederholen.

Ei pellen und in Scheiben schneiden. Terrine mit Oliven und Eierscheiben dekorieren und bis zum Verzehr kalt stellen.

ZUTATEN

Für 4 Personen
1 kg mehlig kochende Kartoffeln
Salz
500 g Hähnchenbrustfilet
3 milde gelbe Chilischoten
Saft von einer 1 Limette
Pfeffer aus der Mühle
3 EL Mayonnaise
1 reife Avocado
1 hart gekochtes Ei
12 Oliven

CHRISTIAN A. ALLENDE | PERU

Fische aus dem Humboldt-Strom, Kräuter und Kartoffeln aus den Anden und exotische Früchte aus dem Amazonasgebiet – die Zutaten für die Küche in Peru sind vielfältig und frisch. „Unsere Küche gilt als die Beste in Südamerika ", erklärt Christian A. Allende. Spanier, Afrikaner und Asiaten haben im Laufe der Zeit ihre Spuren hinterlassen und sich mit der Latinoküche vermischt. Ein Beispiel für die Fusionsküche zwischen Anden und Pazifik ist Chupe de Camarones, ein uraltes spanisch-peruanisches Gericht der Inkas, das mit Riesengarnelen, Chili und Maiskolben zubereitet wird. Der Peruaner, der in Münster mit einer Polin verheiratet

»Chupe de Camarones«
Garneleneintopf

ZUBEREITUNGSZEIT
60 Minuten

ZUBEREITUNG

Kartoffeln schälen, waschen, in große Würfel schneiden und in Salzwasser knapp gar kochen. Den Reis bissfest garen. Garnelen waschen, schälen und die Köpfe entfernen. Köpfe und Schalen 30 Minuten zugedeckt in 500 ml Wasser garen. Fond durch ein Sieb gießen und beiseitestellen.

Zwiebel und Knoblauch schälen, hacken und in Öl glasig dünsten. Chilipaste zugeben. Tomaten waschen, vom Stielansatz befreien, würfeln und hinzufügen. Mit Salz und Pfeffer würzen. Mit Garnelenfond ablöschen. 500 ml Wasser angießen.

Maiskolben vierteln. Erbsen, Kartoffeln, Maiskolben und Reis zugeben und 15 Minuten bei schwacher Hitze köcheln lassen. Am Ende der Garzeit die Garnelen hineingeben und zart rosa werden lassen.

Eier mit der Milch (Sahne) verrühren und zugeben. Der Eintopf darf ab jetzt nicht mehr kochen, sonst gerinnt die Milch. Den Käse zerbröseln und hinzufügen. Den Koriander waschen und trocken schütteln. Die Blättchen zum Dekorieren verwenden.

ZUTATEN

Für 4 Personen
1 kg Kartoffeln
Salz
50 g Rundreis
1 kg Riesengarnelen (roh und ungeschält)
1 Zwiebel
1 Knoblauchzehe
1 EL Pflanzenöl
1 TL milde Chilipaste
2 Tomaten
Pfeffer aus de Mühle
2 vorgekochte Maiskolben (vakuumverpackt, Gemüseregal)
100 g TK-Erbsen
3 Eier
50 ml Milch oder Sahne
50 g Hirtenkäse (aus Kuhmilch)
1 Bund Koriander

---

ist und das Restaurant „Fusion la Mar" betreibt, ist als eines von zwölf Kindern in der Neun-Millionen-Metropole Lima aufgewachsen. Mit dem Umzug nach Deutschland „wollte ich mich nach dem Abitur der Welt öffnen und in Münster eigentlich Medizin studieren."

Ins Hochland der Anden hat er es leider nie geschafft. Dort, wo seine Mutter in sechstausend Metern Höhe aufgewachsen ist und wo die Bauern Lamas und Alpacas halten. Typisch für die Küche in den Hochanden ist Pachamanca – ein traditionelles Gericht der Inkas, das im Erdloch auf heißen Steinen zubereitet wird. „Das schmeckt ein wenig erdig", sagt der gelernte Koch, der als Vorspeise Causa de pollo empfiehlt. Die Kartoffelterrine mit Huhn, Avocado, Limette und Chili schmeckt gut gekühlt besonders gut.

»Bigos«

Polnischer Krauttopf

GESAMTZEIT	ZUBEREITUNGSZEIT	GARZEIT
150 Minuten	30 Minuten	120 Minuten

ZUBEREITUNG

Die getrockneten Pilze etwa 30 Minuten in Wasser einweichen. Das Sauerkraut mit 500 ml kochendem Wasser übergießen und bei schwacher Hitze 30 Minuten köcheln lassen.

Das Fleisch in ca. 2 cm große Würfel schneiden, in Schmalz anbraten und mit Salz und Pfeffer würzen. Pilze ausdrücken und mit dem Sauerkraut zum Fleisch geben. Zugedeckt bei schwacher Hitze ca. 1,5 Stunden garen und gelegentlich umrühren.

Wurst, Schinken oder Räucherspeck in Scheiben schneiden und in den Eintopf geben. Den fetten Speck würfeln und auslassen. Die Zwiebel schälen, würfeln, hinzufügen und glasig dünsten. Zwiebel und Tomatenmark in den Eintopf geben. Mit Salz, Pfeffer, etwas Zucker und Piment abschmecken. Den Rotwein zugeben und weitere 30 Minuten köcheln lassen.

Dazu passen Salzkartoffeln oder frisches Brot.

ZUTATEN

Für 4 Personen

30 g getrocknete Pilze
1 kg Sauerkraut
750 g mageres Rind- und Schweinefleisch
1 EL Schmalz
Salz
Pfeffer aus der Mühle
300 g polnische Wurst, Schinken oder geräucherter Speck
25 g fetter Speck
1 große Zwiebel
1 TL Tomatenmark
Zucker
Piment
300 ml Rotwein

BARBARA TALAGA-MLYNARCZYK | POLEN

Sky-Farming – der neue Gartentrend in Hochhäusern ist nicht nur in New York und Berlin angesagt, sondern auch bei Barbara Talaga-Mlynarczyk in Berg Fidel. Die Hobbygärtnerin, die Mitte der Neunziger als Au-pair-Mädchen nach Münster gekommen ist, zieht auf ihrer geräumigen Terrasse Porree, Sellerie, Erdbeeren und Küchenkräuter in Pflanzkübeln. Auf selbst angebaute Produkte kann die Polin nur schlecht verzichten – Sie ist auf einem Bauernhof aufgewachsen, fünfunddreißig Kilometer von Lodz entfernt.
An Festtagen kocht Barbara Talaga-Mlynarczyk gerne Bigos, Polens Nationalgericht aus Fleisch, Wurst, Speck und Sauerkraut, das sie auch für Feste in ihrer Kirchengemeinde kocht. Nicht fehlen darin dürfen getrocknete Pilze, die sie im Herbst mit ihrer Familie selbst sammelt.
Irgendwann möchte Barbara Talaga-Mlynarczyk mit ihrer Familie wieder zurück nach Polen gehen. Dort möchte sie auf dem Land wohnen und genügend Platz für große Tafelrunden mit ihren elf Geschwistern und Eltern haben.

»Feijoada de Gambas«

Gambas-Bohnen-Eintopf

ZUBEREITUNGSZEIT
45 Minuten

ZUBEREITUNG

Den Knoblauch schälen und hacken. Die Lauchzwiebeln waschen und putzen. Die Riesengarnelen waschen und mit ¼ des gehackten Knoblauchs, den weißen Lauchzwiebelabschnitten, Salz und Pfeffer bei schwacher Hitze 4-6 Minuten in Salzwasser köcheln lassen. Garnelen herausnehmen, die Kochflüssigkeit beiseitestellen.

Die Zwiebeln schälen und würfeln. Möhren und Paprika waschen und putzen. Möhren in Scheiben, Paprika in Streifen schneiden. Zwiebeln und restlichen Knoblauch in Olivenöl glasig dünsten, Gemüse zugeben. Piri-Piri-Schote (Chilischote) hacken und hinzufügen. Wurst in Scheiben schneiden und mit den Lorbeerblättern zugeben. Mit Salz und Pfeffer würzen und ca. 8 Minuten dünsten.

Die Tomaten waschen, vom Stielansatz befreien, würfeln und zugeben. Weitere 5 Minuten köcheln lassen. Den Weißwein zugießen. Die Bohnen abgießen und im Gemüse erhitzen, dann die Riesengarnelen. Je nach Konsistenz etwas von dem Garnelen-Kochwasser hinzufügen. Koriander waschen, trocken schütteln und über das Gericht streuen.

ZUTATEN

Für 4 Personen
8 Knoblauchzehen
6 Lauchzwiebeln
800 g Riesengarnelen (roh und ungeschält)
Salz
Pfeffer aus der Mühle
2 Zwiebeln
2 EL Olivenöl
2 Möhren
2 rote Paprikaschoten
1 Piri-Piri-Schote oder 1 rote Chilischote
120 g Chourico oder Paprikawurst bzw. luftgetrocknete Mettwurst
2 Lorbeerblätter
4 Tomaten
250 ml Weißwein
500 g dicke weiße Bohnen (Glas)
2 Bund Koriander

FRANCISCO BARBOSA VELHO | PORTUGAL

Tausend Kilometer Küste – und jede Menge Fisch. Auf Francisco Barbosa Velhos großer Landkarte sieht man die kleinen Häfen und Küstenorte wie auf einer Perlenschnur aufgereiht. Umspült vom Atlantik, ist es nicht verwunderlich, dass Fisch und Meeresfrüchte einen Großteil der portugiesischen Speisekarte ausmachen. Das fängt bei der einfachen Sardine an, die, mit etwas Knoblauch über Holzkohle gegrillt zur Delikatesse wird und reicht bis zum tiefroten Fleisch des Thunfischs, den die Fischer bei Wind und Wetter weit draußen auf dem Atlantik aus dem Meer ziehen. Ebenso beliebt in der Küche der einstigen Seefahrernation sind Lamm-, Kaninchen- und Zickleinge-

»Coelho a Caçador«

Kaninchen mit Rotwein

GESAMTZEIT 90 Minuten
ZUBEREITUNGSZEIT 30 Minuten
GARZEIT 60 Minuten

ZUBEREITUNG

Das Kaninchen waschen, trocken tupfen und in kleine Stück teilen. Die einzelnen Zehen der Knoblauchzwiebel ungeschält andrücken und zugeben. Salz, Pfeffer und Rotwein zugeben.

Den Speck in kleine Würfel schneiden. Die Zwiebeln schälen und in feine Ringe schneiden. Die Tomaten waschen, vom Stielansatz befreien und in Würfel schneiden.

In einem Bräter oder in einer Cazuela aus Ton (mediterraner Schmortopf) die Zwiebeln und den Speck in Schmalz und Olivenöl glasig dünsten. Tomaten und Tomatenmark hinzufügen. Nach 5 Minuten das Fleisch und die Hälfte der Marinade, die Lorbeerblätter und den Rosmarin zugeben. Bei mittlerer Hitze 60 Minuten garen. Zwischendurch mit der restlichen Marinade begießen.

In der Zwischenzeit die Kartoffeln waschen, mit Schale kochen und zum Kaninchen servieren.

ZUTATEN

Für 4 Personen
1 Kaninchen (küchenfertig)
1 kleine Knoblauchzwiebel
Salz
Pfeffer aus Mühle
1 l Rotwein
150 g luftgetrockneter Speck
2 mittelgroße Zwiebeln
2 reife Tomaten
2 EL Schweineschmalz
4 EL Olivenöl
4 EL Tomatenmark
2 Lorbeerblätter
1 Rosmarinzweig
600 g Frühkartoffeln

! Das Kaninchen mindestens 10 Stunden marinieren

---

richte oder gar ein Mix aus Fleisch und Meeresfrüchten. Feijoada de Gambas beispielsweise ist solch ein Land-und-Meer-Gericht, das mit Riesengarnelen, scharfer Paprikawurst und weißen Bohnen zubereitet wird. „Dieses Gericht ist eine Bombe", schwärmt Barbosa Velho, der in Lissabon aufgewachsen ist und seit vielen Jahren den portugiesischen Wein- und Feinkosthandel „Portugal Plus" an der Hammer Straße betreibt. „Ich wollte eine andere Welt kennenlernen", erinnert er sich, in Münster habe er seine Frau, eine Münsteranerin, gefunden.

Gekocht wird bei den Barbosa Velhos mal portugiesisch, mal deutsch. Zu den Lieblingsgerichten der Familie zählt Coelho a Caçador – Kaninchen, das mit Speck und Rosmarin in Rotwein geschmort wird. Am besten zubereiten lässt es sich in einer Cazuela – einem mediterranen Schmortopf aus Ton, den es in fast allen Mittelmeerländern auf den Märkten zu kaufen gibt.

»Red Snapper with Creole chutney«

Red Snapper mit kreolischem Chutney

ZUBEREITUNGSZEIT
45 Minuten

ZUBEREITUNG

Zwiebeln, Knoblauch und Ingwer schälen. Thymian und Petersilie waschen, trocken schütteln und mit 1 Zwiebel, Knoblauch und Ingwer im Mixer zerkleinern. Mit Tomatenmark, Sambal Olek, Zitronensaft, Salz, Pfeffer und Sojasauce zu einer Paste verrühren.

Für das Chutney restliche Zwiebeln hacken. Tomaten waschen, vom Stielansatz befreien und würfeln. Zwiebeln in 2 EL Öl glasig dünsten, Tomaten und die Hälfte der Tomaten-Ingwer-Paste zugeben. Alles bei mittlerer Hitze 20 Minuten dünsten.

Das Fischfilet mit kaltem Wasser abspülen, trocken tupfen und auf der Fleischseite ca. fünfmal einschneiden (ganzen Fisch auf der Hautseite einschneiden). Restliche Paste in die Einschnitte geben und evtl. zum Einstreichen der Filets verwenden.

2 EL Öl erhitzen und den Fisch auf der Hautseite 2 Minuten scharf anbraten. Hitze reduzieren. Nach drei Minuten wenden und bei minimaler Hitze gar ziehen lassen. (Ganze Fische im Ofen bei 190 Grad Umluft 40 Minuten garen). Den Fisch mit dem Chutney anrichten. Dazu passt Reis.

ZUTATEN

Für 4 Personen
4 Zwiebeln
5 Knoblauchzehen
10 g frischer Ingwer
4 Zweige Thymian
1 Bund glatte Petersilie
1 EL Tomatenmark
½ TL Sambal Olek
Saft von ½ Zitrone
Salz
Pfeffer aus der Mühle
1 EL helle Sojasauce
4 Tomaten
4 EL Pflanzenöl
800 g Red Snapper Filet mit Haut (küchenfertig) oder 1 ganzer Schellfisch bzw. ein anderer festfleischiger weißer Fisch

ERICA NENTWIG | SEYCHELLEN

Weiße Traumstrände, blaue Lagunen und Korallenriffe - wenn Erica Nentwig aus ihrer Heimat erzählt und dabei Winterkabeljau zubereitet, dann dürfte dem blassen Fisch ganz warm ums Herz werden: Eingepackt in einem kreolischen Mantel aus Tomate, Ingwer und Chili erhält der Trendfisch aus Norwegen ein sommerliches Outfit, das ihn gleich viel bunter erschienen lässt. Die Köchin kommt von den Seychellen, deren Inselgruppe wie zufällig ins Meer gestreut scheint. „Die meiste Zeit meiner Kindheit habe ich am Strand verbracht", erinnert sie sich. Ihre Liebe zum Wasser ist bis heute ungebrochen: Wenn sie ihre Familie auf Mahé im indischen Ozean besucht, genießt sie die

»Banana Pancakes«

Bananenpfannkuchen

ZUBEREITUNGSZEIT
30 Minuten

ZUBEREITUNG

Die Bananen schälen und mit der Gabel zerdrücken. Mit Mehl, Milch, Eiern, Zucker und Vanillezucker verrühren. Das Öl in einer Pfanne erhitzen und aus dem Teig kleine Pfannkuchen (8-10 cm Durchmesser) backen.

Den Honig erwärmen und mit Zimt verrühren. Die Pfannkuchen mit Puderzucker bestreuen und mit dem Zimt-Honig und dem Vanilleeis servieren.

ZUTATEN

Für 4 Personen
4 sehr reife Bananen
4 EL Mehl
4 EL Milch
2 Eier
2 EL Zucker
1 Päckchen Vanillezucker
2 EL Pflanzenöl
4 EL Honig
1 TL Zimt
2 EL Puderzucker
4 Kugeln Vanilleeis

Bootsfahrten zu den Nachbarinseln – vorbei an Delfinen, fliegenden Fischen und Korallenriffen, in deren Regionen sich der Red Snapper aufhält. Auf dem Archipel ist der Riff-Bewohner der wohl beliebteste Speisefisch für den Grill. Für den ganz besonderen Aroma-Kick schneidet die gelernte Hotelkauffrau, die auf den Seychellen im Tourismusministerium gearbeitet hat, den Fisch mehrfach ein und füllt ihn mit einem köstlichen Tomaten-Ingwer-Chili-Mix. Für die noch exotischere Variante empfiehlt sie ein leckeres Chutney aus grüner unreifer Mango, Zwiebel und Chili: „Die Mango muss ganz hart sein, sonst kann man sie nicht raspeln."

Nachdem Erica Nentwig einige Jahre im Frankfurter Fremdenverkehrsbüro gearbeitet hat, ist für sie endlich der Traum in Erfüllung gegangen, das Kochen zum Beruf zu machen: Die Mutter dreier Töchter arbeitet als Küchenchefin im Gastronomiebetrieb „Red Bowl" in Oelde.

»Seldj pod Schuboj«

Heringe unterm Pelzmantel

GESAMTZEIT	ZUBEREITUNGSZEIT	KÜHLZEIT
180 Minuten	60 Minuten	120 Minuten

ZUBEREITUNG

Kartoffeln und Möhren waschen und kochen. Anschließend die Schale abziehen und abkühlen lassen.

Kartoffeln würfeln, Möhren und Rote Bete getrennt voneinander grob reiben. Die Zwiebeln schälen. Zwiebeln und Heringsfilet in feine Würfel schneiden. Die Eier pellen und würfeln.

Auf einem großen flachen Teller Heringsfilet, Zwiebeln, Kartoffeln, Möhren, Eier und Rote Bete schichten. Zwischen allen Schichten etwas Mayonnaise auftragen. Mit einer Schicht Mayonnaise abschließen. Schnittlauch waschen, trocken schütteln, in Röllchen schneiden und darauf verteilen. Im Kühlschrank 2 Stunden durchziehen lassen.

ZUTATEN

Für 4 Personen

200 g Kartoffeln
2 Möhren
150 g vorgekochte rote Bete (vakuumverpackt, Gemüseregal)
2 Zwiebeln
250 g Heringsfilet (in Öl eingelegt)
3 hart gekochte Eier
200 g Mayonnaise
1 Bund Schnittlauch

KATHARINA UNTERBERG | SIBIRIEN

Sibirien – nur Permafrost, einsame Tundra und heulende Wölfe? Weit gefehlt! Krasnojarsk jedenfalls, 4000 Kilometer östlich von Moskau, liegt mit seinen knapp eine Million Einwohnern an der transsibirischen Eisenbahn und besticht mit urbanem Flair. Katharina Unterberg ist in der Metropole aufgewachsen und zeigt beeindruckende Bilder auf ihrem Laptop: moderne Architektur neben traditioneller Baukunst, Shopping-Malls in riesigen Glaspalästen, grüne Parks im dreißig Grad warmen Sommer und fantastische Eisskulpturen im minus vierzig Grad kalten Winter.

»Borschtsch«

Rote-Bete-Eintopf

GESAMTZEIT 120 Minuten **ZUBEREITUNGSZEIT** 30 Minuten **GARZEIT** 90 Minuten

ZUBEREITUNG

Das Rindfleisch waschen und in der Fleischbrühe aufkochen. Lorbeerblätter zugeben. Bei niedriger Hitze ca. 90 Minuten garen. Das Fleisch aus der Brühe nehmen und klein schneiden. Lorbeerblätter entfernen.

Die Kartoffeln waschen, schälen und würfeln. Den Weißkohl waschen und in Streifen schneiden. Beides in die Brühe geben und 15 Minuten garen.

Die Zwiebel schälen und hacken. Die Möhren waschen, schälen und raspeln. Rote Bete in Würfel schneiden. Zwiebel und Möhren in Butter andünsten, Rote Bete hinzufügen. Die Tomate waschen, vom Stielansatz befreien, würfeln und zugeben. Zucker und Essig hinzufügen. Etwas von der Fleischbrühe angießen. Zugedeckt etwa 10 Minuten bei mittlerer Hitze dünsten.

Das gedünstete Gemüse in die heiße Brühe geben. Fleisch hinzufügen. Mit Salz und Pfeffer abschmecken. Dill waschen, trocken schütteln und hacken. Den Eintopf portionsweise mit 1 EL saurer Sahne und gehacktem Dill servieren.

ZUTATEN

Für 4 Personen
300 g Rindfleisch
2 l Fleischbrühe
2 Lorbeerblätter
150 g Kartoffeln
200 g Weißkohl
1 Zwiebel
2 Möhren
1 EL Butter
200 g vorgekochte Rote Bete (vakuumverpackt, Gemüseregal)
1 große Tomate
1 EL Zucker
1 EL Essig
Salz
Pfeffer aus der Mühle
einige Zweige Dill
4 EL saure Sahne

Strenge und lange Winter – da ist die Küche ganz besonders gefordert, damit man den extremen Temperaturen standhalten kann. Am besten geht das mit deftigen Gerichten, mit Borschtsch etwa. Für den Eintopfklassiker kocht die Sibirierin eine kräftige Brühe aus Rindfleisch, Weißkohl, Kartoffeln und Rote Bete, die sie mit saurer Sahne und Dill verfeinert.

Aber auch dem Hering wird´s manchmal kalt in Russland und so gibt es für ihn eine extra gute Lösung, die „Heringe unterm Pelzmantel" heißt. Der Fisch wird zwar nicht mit einem Fellmantel, dafür aber mit Kartoffeln, Möhren, Rote Bete und einer dicken Schicht Mayonnaise bedeckt. „Das schmeckt richtig gut", sagt Katharina Unterberg, die von Sibirien nach Sachsen gezogen ist und seit einigen Jahren mit ihrem Sohn Evgeni in Münster lebt. „Ich fühle mich sehr wohl hier, Münster ist eine tolle Stadt", sagt die gelernte Friseurin. „Die Kälte vermisse ich nicht so sehr, ich bin eher der Sonnentyp."

»Empanada gallega«

Galizische Teigpastete

GESAMTZEIT	ZUBEREITUNGSZEIT	BACKZEIT
60 Minuten	30 Minuten	30 Minuten

ZUBEREITUNG

Hefe zerbröseln und in etwas lauwarmem Wasser auflösen. Mehl, 250 ml Wasser, aufgelöste Hefe und Salz zugeben. Zu einem festen Teig kneten und an einem warmen Ort 1 Stunde gehen lassen.

Für die Füllung das Hähnchenbrustfilet waschen, trocken tupfen und in Würfel schneiden. Zwiebel schälen und würfeln. Paprikaschote waschen, putzen und in feine Streifen schneiden. Fleisch, Zwiebeln, Paprika, Öl, Salz, Pfeffer und Safran in einer Schüssel mischen.

Den Backofen auf 150 Grad (Umluft) vorheizen. Die Hälfte des Teiges auf einer bemehlten Arbeitsfläche ausrollen, in eine gefettete Form geben und einen 2 cm hohen Rand formen. Füllung auf dem Teig verteilen. Den restlichen Teig ausrollen, auf die Füllung legen und den Rand fest andrücken. In der Mitte des Deckels ein kleines Loch formen, damit der Dampf entweichen kann. Im Ofen auf der mittleren Schiene ca. 30 Minuten backen. Die Pastete warm oder kalt servieren.

Statt mit Huhn kann die Teigpastete mit Meeresfrüchten oder Thunfisch gefüllt werden.

ZUTATEN

Für eine Form von 26 cm
15 g frische Hefe
500 g Mehl
½ TL Salz
500 g Hähnchenbrustfilet
1 große Zwiebel
1 rote Paprikaschote
12 EL Olivenöl
Salz
Pfeffer aus der Mühle
12 Safranfäden

! Den Teig 1 Stunde gehen lassen

MARIA URIARTE VIGO | SPANIEN

Maria Uriarte Vigo kommt aus dem äußersten Nordwesten Spaniens, aus der Hafenstadt La Coruña. Gut zwei Autostunden sind es noch von hier bis zum Kap Finesterre, was soviel wie das „Ende der Welt" bedeutet. Die abseits von der iberischen Halbinsel entlegene Region Galizien mit ihrem 1200 Kilometer langen Küstenstreifen ist geprägt durch traumhafte Sandstrände, berühmte Fjorde und beeindruckende Steilküsten.

„Fisch vermisse ich in Münster am meisten", gesteht die Spanierin. Vom Atlantik umgeben besticht die Küche am windgepeitschten Nordwestzipfel Spaniens tagtäglich mit Fangfrischem aus dem Meer.

»Pulpo feira«

Krake auf galizische Art

GESAMTZEIT 50 Minuten **ZUBEREITUNGSZEIT** 15 Minuten **GARZEIT** 35 Minuten

ZUBEREITUNG

Den Pulpo langsam wieder auftauen. Unter fließendem Wasser gründlich waschen und säubern, die Haut aber nicht entfernen. Die Zwiebel schälen.

In einem großen Topf reichlich Wasser (ohne Salz) zum Kochen bringen. Die ganze Zwiebel hineingeben. Den Kraken an einem Haken oder einem anderen geeigneten Küchenwerkzeug dreimal für etwa 10 Sekunden in das kochende Wasser eintauchen. So verhindert man, dass sich die Haut beim Kochen löst oder aufplatzt und er seine typische aufgerollte Form erhält. Den Pulpo ca. 35 Minuten garen.

Den Topf vom Herd nehmen und etwa 10 Minuten ruhen lassen. Erst dann erhält er seinen zarten Biss. Anschließend in etwa 2-4 cm dicke Stücke schneiden und auf einem großen, vorgewärmten Teller anrichten. Mit Meersalz bestreuen, reichlich Olivenöl darüber träufeln, mit Paprikapulver bestreuen und sofort servieren.

Dazu passen Weißbrot oder gekochte, halbierte Kartoffeln zum Aufdippen des Öls.

ZUTATEN

Für 4 Personen
1500 g Pulpo (Krake)
1 mittelgroße Zwiebel
Meersalz
100 ml bestes Olivenöl
1 TL scharfes Paprikapulver

! Den Pulpo vor der Zubereitung 48 Stunden tiefgefrieren

Typisch für die galizische Regionalküche ist Pulpo feira, Tintenfisch mit bestem Olivenöl, grobem Meersalz, Knoblauch und Paprikapulver. „Damit er schön zart wird, muss er vor dem Kochen tiefgefroren werden", rät die gelernte Juristin, die in Münster als selbständige Sprachlehrerin arbeitet. Sehr lecker auch ihre Empanada gallega, die sie mit Huhn, Paprika, Zwiebeln und Safran zubereitet.

Weiter landeinwärts wird die Küche Galiziens immer deftiger. Dort gibt es köstliche Cocidos, Schmortöpfe, die im besten Falle mit dem Fleisch vom edlen „Rubia gallega", dem galizischen Vorzeigerind, zubereitet werden. „Wir haben viel Landwirtschaft, Galizien ist ein bisschen so wie Westfalen", meint Maria Uriarte, die ihre ersten drei Lebensmonate in Osnabrück verbracht hat und jetzt mit einem Münsteraner verheiratet ist.

»Pad pet nomai gab noeisaab«

Bambus-Hackfleisch-Pfanne

ZUBEREITUNGSZEIT
30 Minuten

ZUBEREITUNG

Knoblauch schälen, fein hacken und in Öl glasig dünsten. Gehacktes hinzufügen und kräftig anbraten.

Chilischoten waschen, putzen und fein hacken. Mit Sambal Olek und Bambussprossen zum Fleisch geben und anbraten. Anschließend mit 150 ml Wasser ablöschen. Mit Fischsauce (Sojasauce) und Zucker abschmecken. Alles zusammen 2-4 Minuten garen.

Die Thai-Basilikumblätter waschen, trocken schütteln und untermischen. Die Bambus-Hackfleisch-Pfanne noch einmal abschmecken.

Dazu passt Basmatireis.

ZUTATEN

Für 4 Personen
2-3 Knoblauchzehen
2 EL Pflanzenöl
250 g Rindergehacktes
4-5 frische rote Chilischoten
6 EL Sambal Olek
500 g Bambussprossen in Streifen
3-4 EL Fischsauce oder Sojasauce
2-3 EL Zucker
50 g Thai-Basilikumblätter

SUPRIYA NETELER | THAILAND

Chili, Ingwer und Zitronengras – wer die exotischen Zutaten in Supriya Netelers Küche sieht, errät sofort, wohin die Reise geht: Nach Asien. Genauer gesagt nach Thailand. „Frischer Ingwer entgiftet und wirkt antibakteriell", weiß die gebürtige Bangkokerin. Ob in der Reispfanne oder als Tee, die Ingwerknolle dient bei Familie Neteler als Allzweckwaffe gegen lästige grippale Infekte. Hühnchengerichte bereitet die Fitnesstrainerin daher gleich mit mehreren hundert Gramm Ingwer zu, Bambus-Hackfleisch-Pfannen mit reichlich frisch gehackten Chilischoten.

Bevor Supriya Neteler Anfang der Neunziger nach Deutschland gekommen ist, hat sie als Hotelmanagerin in einem Resort Hotel auf der Tropeninsel Ko Samet östlich von Bangkok gearbeitet. „Zu den schönsten Reisezielen aber gehört Süd-Thailand" meint sie. An den weißen Traumstränden man kann den Tag am besten in einer Hängematte verbringen und auf das türkisfarbene Meer hinausschauen. „Sabei, Sabei", lautet dabei das Motto der Thais, was soviel wie „alles easy" bedeutet.

»Güvec«

Schmortopf mit Lamm und Gemüse

GESAMTZEIT 90 Minuten **ZUBEREITUNGSZEIT** 30 Minuten **GARZEIT** 60 Minuten

ZUBEREITUNG

Das Gemüse waschen und putzen. Möhren, Auberginen und Zucchini in Scheiben schneiden, die Paprika in Streifen. Die Tomaten reiben. Die Knoblauchzehen schälen und hacken. Die Zwiebeln schälen und in dünne Ringe schneiden. Die Kartoffeln schälen, waschen und vierteln.

Den Backofen auf 170 Grad (Umluft) vorheizen. Das Fleisch waschen, trocken tupfen, würfeln und in eine ofenfeste Form geben. Mit Salz und Pfeffer würzen. Die Kartoffeln darauf verteilen. Als nächstes die Möhren und die Hälfte des Knoblauchs zugeben. Der Reihenfolge nach Zwiebeln, Zucchini, Auberginen und Paprika in die Form schichten.

Die Tomaten und den restlichen Knoblauch darauf verteilen. Mit Salz und Pfeffer würzen. 100 ml Wasser und Olivenöl hinzufügen. Zugedeckt im Ofen ca. 60 Minuten schmoren.

ZUTATEN

Für 4 Personen
2 Möhren
2 Auberginen
2 Zucchini
3 Stück grüne Spitzpaprika
3 Tomaten
5 Knoblauchzehen
2 Zwiebeln
3 Kartoffeln
500 g mageres Lammfleisch
Salz
Pfeffer aus der Mühle
4 EL Olivenöl

EMINE CABAR | TÜRKEI

An Sommer, Sonne und Urlaub muss man unweigerlich denken, wenn Emine Cabar von ihrer Heimat erzählt: Temperaturen um die vierzig Grad und Badebuchten mit glasklarem Wasser, die zum Schwimmen einladen. Auf der nordöstlichen Mittelmeerinsel Gökçeada verbringt die Türkin regelmäßig die Sommerferien bei ihrer Mutter, die nach jahrzehntelangem Deutschlandaufenthalt in die Türkei zurückgekehrt ist. Die Insel mit dem mediterranen Klima und den warmen trockenen Sommern zeichnet sich durch eine besonders gute Küche aus: „Das türkische Essen schmeckt in

»Çatalak Çörek«

Brötchen mit Mandeln und Kurkuma

GESAMTZEIT 50 Minuten **ZUBEREITUNGSZEIT** 30 Minuten **BACKZEIT** 20 Minuten

ZUBEREITUNG

Margarine und Puderzucker cremig rühren. Eier, Backpulver, Kurkuma, Mandeln und Mehl hinzufügen. Aus den Zutaten einen Teig kneten. Die Hände mit kaltem Wasser anfeuchten und golfballgroße Kugeln aus dem Teig formen.

Den Backofen auf 170 °C vorheizen. Teigkugeln auf ein gefettetes Backblech legen, kreuzweise einritzen und mit Puderzucker bestreuen. 20 Minuten im Ofen backen.

ZUTATEN

Für 20 Stück
200 g Margarine
150 g Puderzucker
2 Eier
1 Päckchen Backpulver
1 TL Kurkuma
1 TL gemahlene Mandeln
500 g Mehl

der Türkei viel besser als in Deutschland", meint die Türkin, „vielleicht, weil das Wetter dort besser ist." Auch ihre Söhne sind von der Küche auf Gökçeada restlos begeistert, von gegrilltem Fisch, Döner und frischem Salat. In Deutschland versucht Emine Cabar, sich mit wärmenden Schmortöpfen aus Lammfleisch, Auberginen und Tomaten über den kalten Winter zu retten. Der tönerne Güvec-Topf hierfür steht jederzeit griffbereit auf ihrem Küchenschrank. Zum Würzen verwendet die Türkin in ihrer Küche Thymian, den sie auf der Mittelmeerinsel selbst gesammelt und getrocknet hat.
Auch aus dem Ofen und schnell gemacht ist Çatalak Çörek – süße Brötchen, die sie mit Mandeln und Kurkuma backt und zum Tee reicht. Irgendwann möchte Emine Cabar in die Türkei zurückgehen, allerdings nicht nach Gökçeada, sondern in die Fünf-Millionen-Metropole Ankara.

»Andrews Texas Chili«

Hackfleisch-Bohnen-Topf

GESAMTZEIT	ZUBEREITUNGSZEIT	GARZEIT
270 Minuten	30 Minuten	240 Minuten

ZUBEREITUNG

Rindergehacktes mit Salz, Pfeffer, Cayennepfeffer, Paprikapulver, Chilipulver (oder fein gehackten Chilischoten) mischen. Knoblauch schälen, fein hacken und unterrühren. Hackfleisch in Öl anbraten. Ausgetretenes Fett abgießen.

Tomaten mit der Gabel zerdrücken und zugeben. Die Zwiebel schälen, würfeln und hinzufügen. Paprika waschen, putzen, würfeln und zugeben.

Als letztes Kidneybohnen (nicht abgetropft) und Ananassaft hinzufügen. Ca. 4 Stunden bei schwacher Hitze köcheln lassen.

Mit geriebenem Käse bestreuen.

ZUTATEN

Für 4 Personen
1 kg Rindergehacktes
1 TL Salz
1 TL schwarzer Pfeffer
1 TL Cayennepfeffer
1 TL Paprikapulver
2 TL Chilipulver oder 2 getrocknete Chilischoten
1 Knoblauchzehe
2 EL Pflanzenöl
2 Dosen geschälte Tomaten oder 700 g frische gehäutete Tomaten
1 große Zwiebel
1 grüne Paprikaschote
1 kleine Dose Kidneybohnen
150 ml Ananassaft (Dose)
100 g geriebener Cheddar-Käse

ANDREW OKAN CELIKER | USA

Seine Banana-Muffins sind der Hit: extrem locker und fluffig. Beim Probieren der sündhaft leckeren Teilchen verrät Andrew Okan Celiker einige Tricks, worauf es beim Backen ankommt. Ein bisschen Natron, damit sie im Ofen schön aufgehen, ein paar Walnusskerne für den Crunch-Effekt. Das Ergebnis ist sensationell.

Der Mann aus Texas versteht außerdem etwas von Chili und T-Bone-Steak. Für das perfekte Gelingen auf dem Grill empfiehlt er, das Fleisch in Essig, etwas Öl, Rosmarin, Oregano, Chili, Salz und Pfeffer über Nacht zu marinieren. Gegrillt wird bei den Celikers in Westbevern gerne – sonntags mit den Nachbarn im Garten, sofern das Wetter mitspielt. In Texas ist das ja alles kein Problem: „Da haben wir an die vierzig Grad."

»Banana Nut Muffins«

Bananen-Walnuss-Muffins

GESAMTZEIT	ZUBEREITUNGSZEIT	BACKZEIT
60 Minuten	35 Minuten	25 Minuten

ZUBEREITUNG

Den Backofen auf 175 Grad (Umluft) vorheizen. Die Muffinform leicht einfetten (oder mit Papierförmchen auslegen).

In einer großen Schüssel Mehl, Backpulver, Natron, Zimt und Salz mischen.

3 Bananen pürieren. Mit dem Handmixer das Püree auf höchster Stufe 3 Minuten mit Zucker verrühren. Butter, Eier und Vanilleextrakt zugeben und mit dem Mixer aufschlagen. Von den Walnusskernen 80 g fein mahlen und unterrühren. Püree mit der Mehlmischung zu einem Teig verarbeiten.

Die Mulden der Muffinform zu dreiviertel mit dem Teig füllen. Restliche Banane in Scheiben und restliche Walnusskerne grob gehackt in die Teigoberfläche stecken. 20-25 Minuten goldbraun backen (bis kein Teig mehr am Zahnstocher haften bleibt). Muffins auskühlen lassen und aus der Form nehmen.

ZUTATEN

Für 12 Stück

1 EL Butter zum Einfetten der Muffinform (oder Papierförmchen zum Auslegen)
400 g Mehl
1 TL Backpulver
1 TL Natron
½ TL Zimt
½ TL Salz
4 reife Bananen
125 g brauner Zucker
125 g ungesalzene weiche Butter
2 Eier
1 TL Vanilleextrakt
100 g Walnusskerne

Durch die Nähe zu Mexiko hat der Amerikaner, der internationale Beziehungen studiert hat, viele Tex-Mex-Gerichte im Programm: Chili con Carne beispielsweise. Für seine persönliche Variante gibt er Ananassaft in den pikanten Hackfleisch-Bohnen-Topf und lässt das Ganze etwa vier Stunden leise köcheln. Je länger die Kochzeit, desto schärfer das Gericht.

Zwölf Jahre hat der Amerikaner, der als Assistant Director of Studies bei Stevens English Training in Münster arbeitet, in Corpus Christi am Golf von Mexiko gelebt hat. Klar, dass er auch etwas von Seafood versteht. Grouper gibt es dort, eine Art Barsch, klasse für den Grill. „Als Student bin ich in Florida zum Hochseefischen fünfzehn Kilometer auf den Atlantik hinausgefahren."

»Chả đậu hủ - nước sốt chua ngọt«
Tofu-Frikadellen mit süß-saurer Sauce

ZUBEREITUNGSZEIT
75 Minuten

ZUBEREITUNG

Die Pilze 30 Minuten in warmem Wasser einweichen, die Glasnudeln 10 Minuten in kaltem Wasser. Den Tofu in ein Küchentuch legen, auswringen und zerbröseln. Den Lauch waschen, putzen und in feine Ringe schneiden. 100 ml Öl in einem Topf erhitzen und den Lauch darin goldbraun frittieren. Herausnehmen, auf Küchenpapier abtropfen lassen und etwas abkühlen lassen.

Pilze und Glasnudeln aus dem Wasser nehmen, ausdrücken und kleinschneiden. Mit Lauch, Tofu und 2 EL Kartoffelmehl mischen. Mit Salz, Pfeffer und einer Prise Zucker abschmecken.

Die Ananasstücke in ein Sieb geben und den Saft auffangen. Den Saft mit Wasser auffüllen (auf ca. 200 ml). 3 EL Zucker, Essig und Maggi-Würze zugeben. Mit Salz und Pfeffer abschmecken.

Die Zwiebel schälen, fein würfeln und in Öl glasig dünsten. Die Tomaten waschen, vom Stielansatz befreien, würfeln und zugeben. Ananasstücke und Tomatenmark unterrühren. Ananassud zugeben und alles aufkochen. 2 EL Kartoffelmehl mit etwas Wasser anrühren, langsam in die Sauce rühren und kurz aufkochen. Das Selleriegrün waschen, klein schneiden und hinzufügen.

Aus dem Teig kleine Frikadellen formen. Im heißen Öl zunächst scharf anbraten, bei mittlerer Hitze goldbraun braten. Frikadellen mit der Sauce anrichten. Dazu passt Reis oder Gemüse.

ZUTATEN

Für 4 Personen
20 g getrocknete Mu-Err-Pilze
50 g Glasnudeln
200 g weißer Tofu (Asialaden)
1 Stange Lauch
Pflanzenöl
4 EL Kartoffelmehl
Salz
Pfeffer aus der Mühle
3 EL Zucker
1 kleine Dose Ananas (Stücke)
3 EL Essig
3 EL Maggiwürze
1 Zwiebel
2 mittelgroße Tomaten
1 EL Tomatenmark
1 Handvoll Selleriegrün

KIM HUE TRUONG | VIETNAM

Kim Hue Truong ist Expertin für Bananenkuchen. Sie backt den Kuchen ohne Ei und Butter, dafür mit Kokosmilch und Weißbrot. Bestens geeignet also für Veganer. Die Vietnamesin, die seit mehr als dreißig Jahren in Münster wohnt, hat bis Ende der Siebziger in Nha Trang gelebt, einer Küstenstadt mit langen palmengesäumten Sandstränden am Südchinesischen Meer. „Wir haben viele vegetarische Gerichte", sagt Kim Hue Truong, die in Vietnam als Stadtplanerin gearbeitet hat. Im Buddhismus sei fleischlose Kost an zehn Tagen im Monat Pflicht. Aus Tofu beispielsweise, dem

eiweißreichen Sojaprodukt, bereitet sie leckere Frikadellen mit chinesischen Pilzen, Porree und Glasnudeln zu. Nicht fehlen auf ihrer Speisenkarte darf außerdem Phở Bo, die traditionelle Reisnudelsuppe Vietnams. In die kochend heiße Brühe werden vor dem Servieren Streifen von Rind, Koriander, Limette, Thai-Basilikum und Chili gegeben.

    Das Kochen spielte in Kim Hue Truongs Familie schon immer eine große Rolle. Ihr Vater, Chinese, erfolgreicher Koch und Restaurantbesitzer in Nha Trang, musste nach dem chinesisch-vietnamesischen Krieg jedoch seinen Besitz an die kommunistische Regierung abgeben. Zusammen mit ihren Eltern und ihrem Mann haben sie das Land auf dem Boot Richtung China verlassen. Nach fünf Tagen auf dem Meer haben sie zehn Monate im Flüchtlingslager in Hong Kong verbracht. Seit etwa dreißig Jahren lebt sie mit ihrer Familie in Münster und arbeitet beim Deutschen Mikrofilm Institut.

»Phở-Bo«

Vietnamesische Reisnudelsuppe

GESAMTZEIT	ZUBEREITUNGSZEIT	KOCHZEIT
195 Minuten	75 Minuten	120 Minuten

ZUBEREITUNG

Für die Fleischbrühe den Rettich waschen, schälen und halbieren. Knochen, Rettich, Hühner- und Rindfleisch in 2,5 l Salzwasser zum Kochen bringen und 90 Minuten bei schwacher Hitze garen. Dabei den Schaum abnehmen.

Den Ingwer in Scheiben schneiden und die Zwiebeln schälen. Ingwer und 1 ganze Zwiebel mit Zimtstange, Sternanis und Kardamom (Muskatnuss) ohne Fett rösten und in die Suppe geben. Zucker, Fischsauce und evtl. Salz hinzufügen. Die Suppe zwei Stunden bei schwacher Hitze köcheln lassen. Das Fleisch herausnehmen, die Brühe anschließend durch ein Sieb gießen und warm halten.

Die Reisbandnudeln 15 Minuten in lauwarmem Wasser einweichen. Kurz vor dem Servieren al dente kochen, abgießen und mit Wasser abspülen.

Das Hühnerfleisch vom Knochen lösen und in mundgerechte Stücke teilen. Gekochtes Rindfleisch und rohes Rinderfilet in dünne Scheiben schneiden. Wer es roh nicht mag, kann die Filetscheiben kurz in die Rinderbrühe tauchen.

Koriander waschen und trocken schütteln (Lauchzwiebeln waschen, putzen und in feine Ringe schneiden). Zweite Zwiebel in hauchdünne Ringe schneiden und mit Korianderblättchen (Lauchzwiebeln) mischen.

Nudeln und Fleisch in Suppenschalen geben. Zwiebelmischung hinzufügen. Mit kochend heißer Rinderbrühe übergießen.

Thai-Basilikum, langen Koriander, Chiliringe, Limetten- oder Zitronenspalten separat dazu servieren. Zum Würzen am Tisch Hoi-Sin-Sauce oder Chilisauce reichen.

ZUTATEN

Für 4 Personen

- ½ Rettich
- 500 g Sand- oder Markknochen
- ½ Suppenhuhn
- 300 g Rindfleisch
- 1 TL Salz
- 60 g Ingwer
- 2 Zwiebeln
- ½ Zimtstange
- 2 Sternanis
- 2 Gewürznelken
- 1 schwarze Kardamomkapsel (alternativ 1 Muskatnuss)
- 1 EL Zucker
- 1 EL Fischsauce
- 200 g Reisbandnudeln (Asialaden)
- 150 g Rinderfilet
- ½ Bund Koriandergrün oder ½ Bund Lauchzwiebeln
- 2 Zweige Thai-Basilikum (Asialaden)
- 2 Zweige langer Koriander (Asialaden)
- 1 EL Chiliringe
- 4 Limetten – oder Zitronenspalten
- Hoi-Sin oder Chilisauce

Die Rezepte in der Speisenfolge

Vorspeisen/ Salate /Suppen
Gefüllte Teigtaschen – Chinkali (Georgien) | 25
Heringe unterm Pelzmantel – Seldj pod Schuboj (Sibirien) | 89
Kartoffel-Huhn-Terrine mit Avocado – Causa de pollo (Peru) | 74
Griechischer Bauersalat – Elliniki choriatiki (Griechenland) | 29
Erdnuss-Suppe der Ewondo – Soup aux arachides (Kamerun) | 50
Misosuppe – Miso soup (Japan) | 45
Vietnamesische Reisnudelsuppe – Phở-Bo (Vietnam) | 107

Fleisch
Kaninchen mit Rotwein – Coelho à Caçador (Portugal) | 83
Schmortopf mit Lamm und Gemüse – Güvec (Türkei) | 98
Reis mit Lamm, Möhren und Rosinen – Kabuli Palau (Afghanistan) | 9
Lammfleisch mit Pflaumen – Tajine (Marokko) | 58
Nigerianische Reispfanne – Nigerian Fried Rice (Nigeria) | 73
Scharfes Huhn mit Zwiebeln – Doro Wot (Äthiopien) | 10
Berberitzen-Huhn mit Safranreis – Zereshk Pollo (Iran) | 38
Mildes Curry mit Huhn und Cashewkernen – Chicken Korma (Indien) | 33
Huhn mit Gemüse, Curry und Koriander – Chicken Masala (Nepal) | 61
Hühnchen mit Shiitakepilzen – Chikuzen-ni (Japan) | 46
Walnuss-Huhn – Saziwi (Georgien) | 26
Andrews Texas Chili – Chili con carne (USA) | 102
Kartoffel-Hackfleisch-Auflauf – Musaka (Kososvo) | 55
Bambus-Hackfleisch-Pfanne – Pad pet nomai gab noeisaab (Thailand) | 97
Polnischer Krauttopf – Bigos (Polen) | 78
Eintopf mit Melonenkernen – Egusi Soup (Nigeria) | 70
Rote-Bete-Eintopf – Borschtsch (Sibirien) | 90

Fisch und Meeresfrüchte
Gambas-Bohnen-Eintopf – Feijoada de Gambas (Portugal) |81
Garneleneintopf – Chupe de Camarones (Peru)| 77
Crevetten auf kreolische Art – Crevettes créoles (Frankreich) | 21
Red Snapper mit kreolischem Chutney – Red Snapper
    with creole chutney (Seychellen) | 85
Krake auf galizische Art – Pulpo feira (Spanien) | 94
Forelle mit Flusskrebsen – Pestrofa me karavides (Griechenland) | 30
Lachsfrikadellen – Laksfrikadeller (Dänemark) | 17
Smørrebrød – Hoch belegtes Brot (Dänemark) | 18

Vegetarisch
Kochbananen mit Bohnencreme – Patacones (Kolumbien) | 53
Auberginenpüree – Mirsaghasemi (Iran) | 37
Kichererbsenbällchen – Falafel (Jordanien) | 49
Nudeln mit Kartoffelcreme – Pasta con le patate (Italien) |41
Sizilianischer Auberginenauflauf – Parmigiana di melanzane (Italien) | 42
Mediterraner Grünkohl-Kartoffelstampf – Mediterrane stamppot (Niederlande) | 62
Grünkohl mit Ingwer – Chou vert au gingembre (Niger) | 66
Schwarze Bohnen mit Erdnuss-Spinat – Maffé (Niger) | 69
Indian vegetables – Indisches Gemüse (Indien) | 34
Tofu-Frikadellen mit süß-saurer Sauce –
    Chả đậu hủ - nước sốt chua ngọt (Vietnam) | 106

Gebackenes – Süßes und Herzhaftes
Galizische Teigpastete – Empanada gallega (Spanien) | 93
Olivenkuchen – Cake aux olives (Frankreich) | 22
Schafskäsebrötchen – Pogača kiralea (Kosovo) | 57
Käsebrötchen – Pão de queijo (Brasilien) | 13
Brötchen mit Mandeln und Kurkuma – Çatalak Çörek (Türkei) | 101
Bananen-Walnuss-Muffins – Banana Nut Muffins (USA) | 105

Dessert
Joghurt mit Pflaumen – Hangop met pruimen (Niederlande) | 65
Schokopralinen – Brigadeiros (Brasilien) | 14
Bananenpfannkuchen – Banana Pancakes (Seychellen) | 86